stimmen von innen

stimmen von innen

alexander heitz, bauherr,
über alexander heitz k12

für den umbau dieses hauses haben wir gut
ein halbes jahr gebraucht, so lang war das
geschäft geschlossen – und das in der besten einkaufslage der stadt! das hat mich
schon geschmerzt. ich dachte eigentlich an
sechs wochen, martin bächle dagegen an
ein ganzes jahr. aber was soll man machen?
es ist eben ein sehr altes haus und überall
kommt einem etwas entgegen, es gibt probleme mit der statik und probleme mit dem
brandschutz und dann spielt noch der denkmalschutz eine rolle. und vor allem die ästhetik. über all diese dinge habe ich in vielen
gesprächen viel gelernt. wir sind hier nicht
den normalen weg gegangen und dafür wäre
bächlemeid auch das falsche büro.

natürlich ist es wichtig, wie wir so ein altes
haus präsentieren, es ist sechshundert jahre
alt und wir sind bestrebt gewesen, das alte
weitgehend so zu lassen, wie es ist. die neuen,
modernen elemente sollten sich darin ein-
passen. wichtig ist aber auch der ladenbau,
das ist eine komplizierte angelegenheit und

da gab es dann reibung: den architekten karin meid-bächle und martin bächle geht es um das konzept und bei mir muss es funktionieren. irgendwie haben wir uns in allem geeinigt, aber an manchen stellen ärgere ich mich manchmal doch, dass ich mich nicht durchgesetzt habe. und auch bächlemeid haben hier kompromisse gemacht. die würden am liebsten einen taschenladen bauen, in dem man keine taschen sieht. mir ist durchaus bewusst, dass der laden am schönsten ist, wenn er ganz leer ist. aber wie soll ich etwas verkaufen, das ich nicht zeige?

wir haben deshalb diese regale gebaut, sehr geradlinig von vorne bis hinten und von unten bis oben. die architekten würden die gerne überall genau gleich haben, die gleichen böden, die gleichen abstände und unten keine schubladen. ich habe dafür gekämpft, dass es nun ein bisschen anders geworden ist, denn ich muss es ja auch dem kunden recht machen und meinen mitarbeitern ebenfalls. wobei das oft nicht ganz gelingt: der kassentresen sollte beispielsweise die gleiche höhe haben wie der dritte regalboden, das ist optisch hübsch. für eine eher kleine verkäuferin ist das aber eigentlich zu hoch. meine mitarbeiter sind also einerseits stolz auf den schönen laden, aber sie schimpfen manchmal darüber, wie die architektur in bestimmte abläufe eingreift. und wenn die leute im winter mit nassen schuhen rein- kommen, mit steinchen oder mit streusalz unter der sohle, dann leidet das parkett. aber manche materialien altern ja auch schön. und wenn nicht, dann muss man sie halt irgendwann ersetzen. auch das habe ich gelernt.

dass uns der umbau deutlich nach vorne gebracht hat, kann ich nicht sagen. der laden war vorher auch schon voll und die reaktio- nen sind sehr gemischt: es gibt ältere, die es toll finden, und jüngere, denen es zu clean und zu kühl ist. aber da draußen steht in gro- ßen buchstaben mein name am haus. des- halb will ich innen etwas haben, das schön ist und zeitgemäß. ich freue mich einfach, wenn ich hier durchgehe und sehe, was alles gemacht wurde. mein vater meinte: jetzt hast du so viel geld ausgegeben und dann ist da hinterher nicht mal die wand verputzt. aber mir gefällt der sichtbeton und darum geht es: um meine persönliche identität. ich will, dass es für mich schön ist.

welcher aufwand dafür nötig war, das ahnen die meisten leute gar nicht. und einige details machen wir eigentlich fast nur für uns, die fallen kaum jemandem auf. wenn man nämlich einmal gelernt hat, dass bestimmte dinge tatsächlich möglich und machbar sind, dann will man sie auch haben. dabei wusste man zuvor vielleicht gar nichts davon. das ist wie mit einem neuen auto: wenn man einmal eine sitzheizung hatte, dann will man beim nächsten auto auch noch eine sitzlüftung. man geht einfach nicht mehr zurück.

**reinhard sigle, bauherr,
über atelierhaus sigle**

von haus aus bin ich bildhauer und ich unter-
richte am gymnasium architektur im fach
bildende kunst. ich dachte immer: wenn du
baust, dann musst du das, was du deinen
schafen predigst, auch umsetzen. ich meine,
wenn man schon mal die möglichkeit hat, ein
haus zu entwerfen, dann muss man es so
machen, wie man es wirklich will. das geht
allerdings nur so lange gut, wie man geld hat.
und wenn die kohle irgendwann zur neige
geht, unterliegt man plötzlich doch gewissen zwängen. mittlerweile ist es jetzt fast
zwanzig jahre her, dass wir gebaut haben,
und auch die architektur unterliegt moden.
ein bisschen sieht man, dass das haus in den
ausgehenden 90ern gebaut wurde. wenn
ich aber an anderen holzhäusern aus dieser
zeit vorbeifahre, dann finde ich, dass wir
verglichen damit doch recht zeitlos sind.

über die jahre wird man mit so einem haus
auch heizungsmann und hausmeister und
maler und fensterputzer, auch gärtner, denn
man muss ja die bäume schneiden. und das

geht einem alles von der eigenen zeit ab, wenn man es nicht gerne macht. es stellt sich also die frage, ob es nicht besser wäre, sich neben udo lindenberg im atlantik einzumieten. noch einmal bauen würde ich jedenfalls nicht – obwohl es eigentlich gut war, das waren wunderbare zeiten damals mit dem sturkopf martin bächle. es hat viel kraft gekostet, aber erst wenn es fertig ist, merkt man, dass man dabei älter geworden ist. vorher weiß man das nicht. man muss es halt gemacht haben, als schwabe jedenfalls.

die räume hier sind gut, vor allem wenn sie leer sind. ich hatte damals schon eine gewisse ehrfurcht: in solchen räumen die erste duft-marke zu setzen, ist gar nicht so einfach. von max ernst ist bekannt, dass er panische angst vor der leeren leinwand hatte. das habe ich nicht, jedenfalls vor leinwänden nicht, vor leeren räumen aber durchaus. am anfang haben wir deshalb noch ganz sorgfältig nach den richtigen möbeln geguckt und als erstes die bilder vom schwiegervater aufgehängt, das sind meisterwerke. seitdem wurde das haus immer voller. es hat bei den kinderzim-mern angefangen, da verliert man ja schnell den überblick. eigentlich müsste man gerade da ganz rigoros sein und den guten geschmack durchsetzen. aber das gibt ärger und verdruss und entweder kämpft man irgendwann an allen fronten oder man lässt es halt bleiben, weil man eh keine chance hat. wenn ich noch einmal so eine kiste bauen würde, wäre ich strenger mit dem, was reinkommt.

und, naja, vieles ist auch von mir. man muss ja leben darin. und man braucht eben gewisse sachen um sich herum, zur inspiration. ich selbst mache schon gar keine großen arbeiten mehr, nur noch kleine teile und die schmeißt der hund irgendwann um oder jemand anderes und dann mache ich eben wieder neue teile. außerdem arbeite ich zum glück gerne mit holz und das schöne daran ist, dass vieles davon, wenn es im freien bleibt, einfach verschüttgeht. sonst müsste ich es irgendwann machen wie picasso: wenn die bude so voll ist, dass nichts mehr geht: einfach raus, den schlüssel umdrehen und die nächste bude suchen, die man vollmacht. das wäre nicht schlecht.

mir hilft das haus, zu strukturieren: wenn mein schreibtisch zu voll wird, dann muss ich ihn halt aufräumen. eigentlich hätte man es von architektenseite möblieren müssen, wie bei le corbusier, damit alles weg ist und es immer gut aussieht. wir hätten nämlich alle für das haus besser erzogen werden müssen. aber nach den sommerferien fange ich an aufzuräumen. ich fange oben an und werfe alles raus, was dem dritten blick nicht standhält.

das treppenhaus war eigentlich als ausstellungsraum geplant, dass man auch mal leute einlädt, also eigentlich als gewerbefläche. das regalsystem ist genial, sehr einfach, und die böden waren auch schon ganz vollgestellt. aber es staubt alles ein und man kommt nicht gut hoch, um das zeug wieder sauber zu machen. mit leitern ist das schwierig, man hätte da noch ein system haben müssen, damit man rumturnen kann. einmal hatten wir hier nach einem blitzeinschlag ein gerüst, das die versicherung bezahlt hat, damit das, was dabei kaputtgegangen ist, ausgetauscht werden konnte. damit habe ich mich sehr wohlgefühlt, weil ich endlich den raum anders nutzen und die ganzen fenster putzen konnte. danach habe ich mir überlegt, ob da nicht irgendwann einmal wieder so etwas reinkommen könnte, damit man überall besser drankommt. zum beispiel haben wir da oben auch ein ameisen-volk wohnen, das sich langsam durchfrisst und immer im mai ausfliegt. vielleicht sollte man da einen jäger drauf ansetzen, der dann da hochklettert. andererseits – das haus lebt, es hat seine mucken. das wollte ich so. man darf halt nicht auf alles achten, sonst sieht man hier ein dreckle und dort und dann ist es eigentlich besser, man fährt weg. oder zieht ins hotel.

bezner turm gemeinschaft, bauherr, über bezner turm

der bezner turm heißt so, weil der volksmund ihn so genannt hat, natürlich ist das hier kein turm. unser zukünftiges wohngebäude ist einfach nur ein verwaltungsbau der firma bezner aus den 50er jahren, der in den 70ern aufgestockt wurde. zuletzt hat ihn die kriminalpolizei genutzt, danach stand er leer. man sieht noch nicht viel von dem, was hier entsteht, aber anders als bei einem neubau wissen wir immerhin schon etwas von dem charme, den das gebäude hat, wir kennen seine patina und wollen sie erhalten. wir wissen, wie die ausblicke aus den einzelnen wohneinheiten sein werden und wie das gebäude zur sonne steht. man braucht also gar nicht so besonders viel gedankenkraft, um sich vorzustellen, wie alles einmal sein wird.

ursprünglich ging es an diesem standort einmal um stadtnahes, günstiges wohnen, so wurde es von der stadt ravensburg beworben. das hat sich mittlerweile etwas relativiert – also, stadtnah ist es natürlich immer noch. wirklich günstig aber ist es nicht. von den

gemeinschaften, die auf dem gelände bauen sollten, sind nur wir übrig geblieben, allen anderen ist der atem ausgegangen. aber auch bei uns hat es ein bisschen gedauert, bis sich die konstellation gefunden hat, die wir jetzt sind. dass es nun so gut funktioniert, liegt sicher auch daran, dass wir ähnliche vorstellungen haben: wir sind grundsätzlich offen für das, was um uns herum passiert, wir begrüßen den öffentlichen platz, der hier entsteht, ebenso die weiteren häuser, die hier gebaut werden, und auch die behindertenwerkstatt nebenan. wir leben in engem bezug zu unserer außenwelt und das soll sich auch in der architektur ausformulieren, in der wir leben.

glücklicherweise gibt es unter uns niemanden, der sich unbedingt durchsetzen muss, man grummelt eher still und einigt sich dann. dabei ist die tatsache von vorteil, dass wir innerhalb der gemeinschaft eine große affinität zu architektur und gestaltung teilen. wir alle haben einen vergleichsweise hohen anspruch an die qualität der dinge, die uns umgeben, und können uns deshalb ganz gut verständigen, etwa was das material für die gemeinschaftlich genutzten flächen wie das treppenhaus angeht. außerdem ist uns bewusst, dass die entscheidung für diese bauherren-gemeinschaft in erster linie pragmatisch und zweckmäßig motiviert ist. wir wissen, dass es sonst wohl kaum möglich wäre, so zu wohnen, wie wir hier wohnen werden. der markt in ravensburg ist ziemlich leer-gefegt, jedes jahr ziehen ungefähr tausend leute zu. man findet kaum noch wohnraum oder baugrund. es geht also nicht um roman-tik, wir haben immer gesagt, dass wir hier kein ringelpiez mit anfassen wollen. gemein-schaftsräume haben wir daher zwar diskutiert, aber wieder verworfen. das sind wir nicht.

eine weitere gemeinsamkeit ist, dass wir alle etwas verändern wollen, sonst würden wir nicht bauen: wir wollen unsere wege nicht oder nicht mehr mit dem auto machen, wir wollen optimale zuschnitte unserer wohnungen, wir wollen hier das artikulieren, was uns beson-ders wichtig ist. in jeder familie, die hier ein-zieht, gibt es etwas, das anders werden soll, es sollen hauptorte gefunden oder verlagert, neue schwerpunkte gebildet werden – aus ganz unterschiedlichen persönlichen gründen.

und im bezner turm führen all diese geschichten zusammen, in einem langen, zähen
prozess mit viel diskussion und austausch.

im moment haben wir eine recht stabile phase erreicht – aber man weiß natürlich nicht,
wie sich das über die zeit wieder verändern
wird, mit welchen vorstellungen sich die gemeinschaft in zukunft noch wird auseinan-
dersetzen müssen. schließlich werden hier
auch leute einziehen, die wir nicht kennen,
denn einige der wohnungen werden zunächst
vermietet. wie das dann wird und wie sehr
die menschen, die dazukommen, die vorhan-
denen grundvorstellungen teilen, wird man
sehen. wichtig ist, dass es hier nicht unbedingt
um sehr viel nähe geht. eher um gegenseiti-
gen respekt.

leon, luca, marie und tim
über haus josefine kramer

in diesem haus geht es vor allem um euch.
welcher raum ist euer lieblingsraum?

leon: der turnraum ist der beste von allen!
da treffe ich meine freunde. wir turnen da
eigentlich gar nicht, das heißt nur so, ich
weiß nicht, warum. wir spielen immer fußball
mit dem großen ball. ich finde es gut, wenn
wir nur zu zweit sind. dann haben wir richtig
viel platz und können alles machen. luca:
ich spiele auch fußball und ich kann richtig
hoch schießen! mein lieblingsraum ist aber
das malatelier, hinten im flur. ich baue coole
dinge, sogar aquariums mit fischen aus papier. das mache ich ganz allein. ich weiß nämlich, wo alles ist, was ich brauche. und ich
nehme mir das und dann bastel ich das so,
wie ich mir das denke. dafür brauche ich
eine taschentücherpackung aus pappe und
papier. und eine schere. ich muss nicht fragen, ich kann das einfach machen. tim: ich bin
am liebsten im orangen zimmer und baue.
da ist ein teppichboden, der ist orange. und
da sitze ich dann ganz gemütlich. am liebsten

baue ich einen turm aus lego. ich baue so lange, bis er umkippt und alles wieder auseinanderkracht. manchmal sind meine freunde dabei, aber es geht auch allein, mal so und mal so. marie: ich habe sogar zwei lieblingsräume! das atelier und den kleinen raum. den kleinen raum mag ich noch ein bisschen lieber, das ist der beste raum im ganzen haus. tim: oh, das ist auch mein lieblingsraum! luca: meiner auch! leon: und meiner auch! weil hier autos drin sind und auch so besondere sachen wie pinzetten. da muss man aber vorher fragen, wenn man die nehmen will. und hinterher muss man alles wieder einräumen, hier sind ja ganz viele türen, die aussehen wie eine wand. aber die sind voller sachen! überall ist was drin, überall! tim: hier dürfen aber immer nur zwei kinder rein, weil der raum so klein ist. dabei würden noch mehr reinpassen, aber das ist nicht erlaubt. marie: doch, mittags dürfen manchmal auch drei oder vier kinder hier sein, als ausnahme. aber zwei sind besser. oder wenn man alleine ist. das ist das schönste.

was kann man denn alleine gut machen?

marie: hier sind ja so matten und da kann man sich hinlegen. nach dem mittagessen mache ich das, mit einem anderen kind oder ganz alleine. wenn ich allein bin, dann hab ich meine ruhe und schaue ein bisschen raus und schlafe vielleicht ein. ich schlafe dann einfach so, ohne decke, bis ich wieder aufwache. leon: für mich ist es hier auch schön, weil wir aus den matten eine rutsche bauen können. das machen wir manchmal nach dem vorlesen. das vorlesen ist auch hier drin, hier ist alles, was ruhig ist. tim: aber ich spiele hier drin mit autos! die sind auch in den schränken drin und ich weiß wo, obwohl man es von außen nicht sieht. die autos sind hier hinten drin. leon: ich hab sie aber auch schon mal vorne eingeräumt. tim: ja, also die autos sind hinten oder vorne. luca: wir haben hier so ein autospiel, mit dem man straßen bauen kann. aber wenn alle hier rein wollen, dann sind es zu viele jungs. und die machen quatsch und werfen sich auf die matten, obwohl das hier drin verboten ist. dafür gibt es den turnraum oder den garten. leon: oh, der garten! der garten ist der größte raum auf der ganzen welt. der garten ist wichtig.

wenn ihr draußen im garten steht und auf das haus schaut: wie gefällt es euch dann?

luca: ich finde das haus sieht komisch aus. das dach ist ja so zick-zack-zick-zack-zick-zack und man denkt, dass es viele kleine häuser nebeneinander sind. dabei ist es insgesamt ein großes haus für alle kinder. das müsste eigentlich zick-zack sein, so mit einer spitze nur. und fertig. leon: ich würde gerne was verändern. ich würde ganz oben etwas großes hinschreiben: jungshaus! weil hier ganz viele jungs sind, viel mehr als mädchen. und das finde ich gut. marie: ich würde alles so lassen, wie es ist. ich finde es gut gebaut und ich weiß, wo alles ist, und die fenster sind so schön. tim: wenn ich einen kindergarten bauen würde, dann würde ich auf jeden fall auch so große fenster bauen. es ist wichtig, dass luft reinkommt und dass man rausgucken kann. man muss nur aufpassen, weil es ja einbrecher gibt. luca: und man braucht so kleine räume, weil es da nicht so laut ist. der tim fährt nämlich immer mit seinem fahrzeug so doll an die wand. tim: ja, das macht spaß. luca: aber es ist laut. marie: draußen im garten fährt der tim manchmal nur auf zwei rädern.

kannst du das nur draußen machen oder geht das auch hier drin?

tim: nein, nur draußen. das geht nicht hier drin, weil hier ist ja nicht so viel platz und ich würde dann gegen die wände rasen. und dann würden andere schimpfen. marie: ich schimpfe nicht. mir ist das manchmal zu laut, aber ich sage das nicht.

ihr seid alle fünf jahre alt und kommt bald in die schule. glaubt ihr, dass es dort so ähnlich sein wird wie hier?

luca: ich glaube, dass man sich dort auch irgendwo ausruhen kann. die schulkinder haben manchmal ja mittagsschule und dann müssen sie sich ja auch mal hinlegen zwischendurch. aber die meisten anderen dinge sind in der schule bestimmt anders. ich weiß aber nicht, wie genau.

herr l, bauherr,
über haus k

ich wohne seit rund 25 jahren in diesem haus
und seitdem hat es sich sehr verändert. als
ich es gekauft habe, war es noch im urzustand,
ein bisschen schwarzwaldhäuschen und ein
bisschen materialausstellung. nahezu alles, was
die damalige zeit an verschiedenen fliesen,
teppichen und marmorsteinen hergegeben hat,
war darin zu einem großen sammelsurium
verbaut. das war sehr unruhig – und in gewis-
ser weise auch belastend. weil die vorbesitzer
das haus nur in den ferien genutzt haben,
war der zustand aber ordentlich. und von anfang an war klar, dass man aus der substanz
etwas machen kann, dass die kubatur gut ist
und sich anpassen lässt. zunächst haben die
veränderungen sehr klein angefangen, ich habe
maler bestellt und alles streichen lassen,
anschließend haben wir die bäder etwas mo-
dernisiert.

der große break kam erst 2006. für mich
war das ein wichtiges jahr, in dem sich innerhalb der familie einiges geändert hat. das
war der anstoß, den modernisierungsstau zu

beenden und das haus endlich so zu entwickeln, wie ich es gerne haben möchte: begradigt, großzügig, klar. ich wusste ganz genau, was ich will. die räume haben sich geöffnet und an volumen gewonnen, sie haben sich unserem leben angepasst.

was ich danach gerne verändern wollte, war eigentlich erst einmal nur die garage. sie sollte geräumig sein und ich dachte an eine terrasse obendrauf, weil man auf dem damaligen, schmalen balkon schlecht sitzen konnte. die architekten meinten aber, es sehe aus wie eine schublade, die man in ein haus reinschiebt, wenn man nur eine neue garage hinstellt und den rest so lässt. und so kam eine größere diskussion in gang, an deren ende wir eine viel weiter reichende lösung gefunden haben, durch die sich das wohnen, das gesamte leben verändert hat: wir sind jetzt viel mehr draußen. aber auch die qualität im innenraum hat gewonnen, alles ist noch weiter, noch offener geworden, weil es sich mit dem außenbereich verbindet. wenn man im dunkeln die fassadenbeleuchtung anmacht, wird jetzt ein großer, hoher raum sichtbar, wo zuvor im dunkeln nur ein schwarzes loch gewesen ist.

als es noch ganz neu war, war das kupfer allerdings sehr heftig, sehr auffällig. sicher haben sich einige darüber gewundert. kupfer ist aber einfach ein tolles material, im unterschied etwa zu holz extrem dauerhaft, was mir sehr entgegenkommt, denn ich will in fünf oder zehn jahren nicht schon wieder mit der fassade zu tun haben. außerdem gefällt mir der wandel an der oberfläche. das material passt zu mir und es passt auch zu diesem etwas älteren haus. um uns noch etwas besser vor dem schall zu schützen, der von der straße kommt, denke ich seit einiger zeit an vorhänge, die man im außenbereich vielleicht noch anbringen könnte. damit würde auch weniger schall von uns nach draußen gelangen.

die neue garage ist ein wichtiger ort im raum, sie ist der zugang, wenn ich mit dem auto, mit dem rad oder der vespa ankomme – das haus öffnet sich, ich fahre hinein, die garage schließt sich und ich bin drinnen, wo alles ganz anders ist, als man es von außen wohl vermutet. natürlich kann man es von der straße aus schon erkennen, wenn sich jemand im haus befindet. aber was ist das für eine person? was hat sie an? wie geht es ihr? was

macht sie? das bleibt verborgen und deshalb ist das haus so eine gute entsprechung
zu mir: es gibt mir licht, zugleich aber auch
schutz. ich muss mich nicht präsentieren, ich
brauche keine öffentlichkeit. ich habe hier
einen rückzugsbereich und genau so soll es
sein. das haus ist einfach angenehm. und
deshalb ist es schön.

familie müller, bauherr, über haus müller

wenn einem das haus abbrennt, dann denkt man zunächst nicht groß nach. man muss nur funktionieren. was wirklich passiert ist, wird einem gar nicht sofort bewusst. und es bleibt auch überhaupt keine zeit, um sich viel mit sich selbst zu beschäftigen.

der tag nach dem brand war heiligabend und da haben wir überlegt, wie es jetzt weitergeht. zu diesem zeitpunkt wussten wir noch gar nicht, wie viel überhaupt zerstört ist. aber dass wir einen architekten brauchen werden, das war klar. und am zweiten weihnachtsfeiertag saßen wir dann schon mit den architekten karin meid-bächle und martin bächle zusammen, die wir zuvor nicht kannten. und das war auf anhieb angenehm, ganz anders als vieles, was nach so einem erlebnis sonst noch stattfindet. man muss zum beispiel die versicherung informieren. und dann kommen leute, die so etwas abwickeln – mit denen hatte man zuvor noch nie etwas zu tun und das sind nicht die freundlichen, netten. und die bringen dann gleich noch ein gutachterbüro mit, die ebenfalls nicht gerade freundlich sind. das ist also schon ein ziemlicher kampf und wir waren sehr schockiert, wie so etwas abläuft. allerdings sind wir keine menschen, die den kopf in den sand stecken. man muss sich zusammenreißen und dann schafft man das auch.

zunächst musste für das geschäft eine not-lösung gefunden werden. wir mussten zwei-gleisig fahren, weil anfänglich noch nicht sicher war, ob wir das alte haus überhaupt ab-reißen dürfen. der martin ist sehr sensibel mit uns umgegangen, was vielleicht nicht immer ganz einfach war, denn wir hatten schon so unsere vorstellungen. außerdem war eine zeit lang unklar, ob die versicherung überhaupt zustimmt, dass wir neu bauen können. deshalb brauchten wir einen plan, der das alte haus erhält. bächlemeid aber wollten von anfang an einen neubau. es sollte etwas entstehen, das besser ist als das, was zuvor da war. wenn schon, denn schon.

der erste entwurf, den wir gemeinsam ent-wickelt haben, wurde aber prompt nicht genehmigt. vielleicht war er zu gewagt, mit

einem flachdach und so weiter. wir mussten also noch einmal bei null anfangen. und dabei ist dann sehr viel auf dem mist der architekten gewachsen, das waren ihre ideen, die uns spontan gefallen haben. nach etwa vier jahren, in denen wir in einer zwischenlösung gewohnt haben, war das neue haus dann schließlich fertig. und seit wir darin wohnen, sind wir noch mehr so, wie wir eben sind. das strukturierte entspricht uns, bei uns läuft alles sehr getaktet ab und wir haben immer einen plan. das brauchen wir eben. und das haus unterstützt das. es passt zu uns.

für die konstanzer war der moment, an dem das baugerüst wegkam, eine große überraschung. das war ein wahnsinnstag. die leute kamen und sind stehen geblieben, um zu schauen, was da für so eine lange zeit verborgen war. viele haben es gut aufgenommen, viele waren aber auch entsetzt. damit hatten wir nicht gerechnet. als wir eingezogen sind, wurden wir gefragt, ob wir zu diesem hässlichen haus gehören. und es gab noch andere kommentare, die uns wirklich entsetzt haben. extrem ist es immer noch im sommer, wenn viele touristen in der stadt sind. dann ist unser haus ein thema in altstadtführungen. es gab auch viele zeitungsartikel, sogar leserumfragen, und dabei kam einmal raus, dass es 66 prozent der leute nicht gefällt. viele davon verstehen es vermutlich einfach nicht. die sehen nicht, dass hier auch historische elemente integriert wurden, wie der putz oder die tiefen leibungen. dadurch passt es sich nämlich recht gut in die straße ein. aber wir vermitteln nicht mehr, das ist viel zu mühsam. entweder es gefällt den leuten – oder eben nicht. sicher, wir leben hier sehr präsent in der altstadt, aber wenn ein bau einmal genehmigt wurde, dann muss man diese entscheidung eben respektieren. und wir urteilen ja auch nicht darüber, wie andere leute wohnen.

für uns ist es so, dass es nichts gibt, was wir an unserem haus noch ändern wollen. während des baus haben wir in vielen terminen mit bächlemeid über jede einzelne ecke und jede einzelne leiste geredet und bewusste entscheidungen getroffen. deshalb gibt es jetzt nichts zu optimieren. wir wohnen genau so, wie wir wohnen wollen. von den dingen, die wir vor dem brand hatten, konnten wir einige wenige restaurieren und erhalten. sehr

vieles aber nicht. früher hatten wir zum beispiel viele bilder, jetzt haben wir zwei, wir
hatten insgesamt viel mehr zeug, persertep-
piche und so weiter. heute können wir sagen:
gott sei dank ist das alles verbrannt. was wir
jetzt haben, das brauchen wir auch. alles ist
sehr viel klarer.

stephanie peters, vorstand rv neptun e.v.,
über ruderverein neptun

rudern ist ein toller sport, eine gleichförmige
bewegung, sehr meditativ. wenn ich morgens
rudern gehe, dann bin ich gestählt für den
ganzen tag. man holt das boot raus, bereitet
es vor, nimmt einstellungen auf die körper-
größe und individuelle präferenzen vor und
dann geht es ins wasser. und kaum bin ich
hinter der ersten brücke, hat auch schon die
entspannung eingesetzt. für diesen sport
und für die zukunft des rudervereins soll der
umbau eine basis schaffen.

das projekt hat mit einer rein technisch-sach-
lichen überlegung angefangen: auf der rückseite des hauses haben wir eine bootshalle,
die alt und marode ist. daran wird seit einiger
zeit nun schon permanent rumgebastelt
und wir dachten zunächst, dass wir einfach
eine neue, solide halle brauchen, die mehr
platz bietet und auf die man vielleicht noch ein
stockwerk draufsetzen kann. diese überlegung haben wir weiterentwickelt und die
ganze sache langfristig betrachtet, dadurch
hat sich der schwerpunkt verschoben. so, wie

es jetzt geplant ist, werden wir mehr boote unterbringen und dadurch mehr mitglieder aufnehmen können. denn es gibt in der stadt interesse am rudern, im moment sind wir aber an unserem kapazitätslimit. und mehr mitglieder bedeuten: mehr einnahmen. was damit genau passieren soll, haben wir noch nicht festgelegt, da gibt es verschiedene möglichkeiten.

im zuge des umbaus organisieren wir dann gleich das gelände neu, denn hier geht einiges durcheinander. im obergeschoss des hauses befinden sich räume, die derzeit an ein restaurant verpachtet sind. die gäste, die zum essen kommen, gehen über den bootsplatz und kreuzen die wege der ruderer mit ihren booten. wir wiederum müssen jedes mal durch das restaurant hindurch, um in unser geschäftszimmer zu kommen. das wird komplett entzerrt: geschäftsstelle und restaurant werden separate eingänge haben, so dass sich ruderer und restaurantgäste nicht mehr dauernd über den weg laufen müssen.

einige vereinsmitglieder halten das für unnötig, die finden, dass es ja bisher auch immer irgendwie gegangen ist und dass man dafür jetzt doch nicht so viel geld ausgeben muss. ich meine aber, dass diese trennung dem verein eine andere qualität geben wird. wir sind dann hier unter uns und signalisieren nach außen, dass das privatgelände ist, wo nicht jeder sein fahrrad abstellen kann. insgesamt aber ist die akzeptanz für die planungen innerhalb des vereins ganz gut, es hat allerdings durchaus zeit gebraucht und musste in den köpfen der mitglieder heranreifen, immerhin entscheiden ja alle mit.

ich bin der meinung, dass man sich mal etwas trauen muss. immerhin haben wir an vielen stellen puffer eingeplant und die haushalte der vergangenen jahre sorgfältig angeschaut. und natürlich darf das vereinsangebot in der bauphase nicht leiden, denn wenn wir schulden abzahlen müssten und keine neuen boote kaufen könnten, dann hätten wir einen qualitätsverlust, den wir auf keinen fall wollen. im gegenteil: die qualität muss ständig weiterentwickelt werden, deshalb kaufen wir eigentlich jedes jahr ein neues boot. und was da ist und was gut ist, pflegen und erhalten wir.

das war auch für den bau ein wichtiges kriterium: dass der entwurf zu dem passt, was hier bereits vorhanden ist, und dass es eine kontinuität gibt. wenn es unsere mittel zulassen, wäre es denkbar, langfristig vielleicht auch am gebäudebestand noch ein bisschen etwas zu verändern und bestimmte aspekte wiederherzustellen. das gebäude war ja einmal viel schöner als jetzt – leichter, offener. vielleicht bekommen wir das in einem zweiten schritt wieder hin.

was neben allen anderen überlegungen nämlich auch noch wichtig ist: wir bekommen mit dem bau als ruderverein eine neue visitenkarte. wir sind hier am eingang der stadt und stolz darauf, das erste haus am deutschen rhein zu sein – aber wie sieht es hier aus? zur zeit haben wir hier ein altes vereinsgebäude mit ramschiger rückseite. dabei ist das gelände ein filetstück. mit dem neubau wird der ruderverein neptun wieder als das wahrgenommen, was wir sein wollen: ein prominenter verein, eine repräsentative adresse. und unsere mitglieder sollen sich mit dem verein und dem gebäude wieder mehr identifizieren. in einem supermarkt hier im ort hängen gerade historische fotoaufnahmen und eine zeigt das erste bootshaus des rudervereins neptun ende des vorletzten jahrhunderts, da stehen die männer mit stolzgeschwellter brust davor. wenn ich das sehe, dann denke ich jedes mal: da will ich wieder hin. und ich glaube, das schaffen wir auch.

ulrike ottinger, ehemalige bewohnerin,
über schwarzacher hof

meine großmutter ist 1936 mit meinem vater
in dieses haus eingezogen. damals gehörte
es herrn saalmann, einem älteren herrn aus
der schweiz, der mit meinen großeltern be-
freundet war. im jahr zuvor war mein groß-
vater gestorben, er hatte in der hussenstraße
eine koschere metzgerei. als meine großmutter
wegen der damaligen politischen umstände
daraufhin das haus in der hussenstraße aufgeben musste, bot herr saalmann an, dass
sie ins hinterhaus ziehen könne. in diesem
hinterhaus kam ich 1942 zur welt.

meine mutter war jüdischer abstammung
und nach konstanz gekommen, um hier über
die grenze in die schweiz zu gehen. dann
lernte sie meinen vater kennen. wegen der
rassengesetze konnten meine eltern nicht
heiraten. als meine mutter mit mir schwan-
ger war, hat meine großmutter uns bei sich
aufgenommen und wir haben dort klandestin
gewohnt. dass die schwester meines vaters
ebenfalls mit ihrer kleinen tochter eingezogen ist, hat unsere situation ein bisschen

camoufliert. ein reizendes älteres ehepaar im vorderhaus waren die hausverwalter, die wir gerne und oft besuchten. sie besaßen die schlüssel zu einem großen saal, in dem herr saalmann eine sammlung von cembali und spinetten hatte. meine mutter hat dort oft gespielt, meistens für sich und manchmal auch für freunde. ansonsten wurde dieser wunderbare raum eigentlich nicht genutzt. in meiner erinnerung hatte er eine dunklere stimmung, die farben waren gedämpft, aber intensiver als heute.

ich kenne in diesem prachthaus jede ecke, im treppenhaus, auf den alten holzumläufen, im gepflasterten hof mit seinen nischen und geheimnisvollen verschlägen haben wir kinder überall gespielt. im parterre befand sich die werkstatt meines vaters, er hatte eine dekorationsmalerei. als er kurz nach dem krieg das hintere treppenhaus renovieren wollte und damit begann, die wände abzuwaschen, kamen wandmalereien zum vorschein. er rief beim denkmalamt an, damit jemand kommt und sich das ansieht. es gab damals aber kein geld, um diese malereien freizulegen. deshalb hat mein vater vorsorglich eine mit luftlöchern versehene platten-wand davorgesetzt, damit die wand atmen konnte. er wollte diese mittelalterlichen male-reien schützen. für die barockmalereien, die sich in drei nischen in unserer wohnung befanden, hat er flügeltüren angebracht, die wir ab und zu öffnen durften, um die bilder zu betrachten. als ich viel später einmal je-mandem unsere alte wohnung zeigen wollte und dort geklingelt habe, war ich entsetzt darüber, wie unvorsichtig diese nischen mit büchern und krimskrams vollgestellt, sodass die malereien beschädigt worden waren. man weiß leider nicht, von wem die malereien sind! vermutlich aber war es einer der gro-ßen meister, wie ein befreundeter barock-spezialist meinte.

mein vater hätte dieses haus gerne gekauft und ich bedaure sehr, dass er nicht mehr sehen kann, wie es mittlerweile aussieht. er hatte so eine große liebe für das, was er damals hier vorgefunden hat. und es kommt mir vor, als habe an dem haus nun eine ästhetische wiederherstellung stattgefunden, nachdem zwischenzeitlich mit unverstand so viel kaputtgemacht wurde. nach dem tod von herrn saalmann ging es nämlich zunächst an den meistbietenden, der bedauerlicherweise als erstes das schöne kopfsteinpflaster im hof rausgerissen hat und dem haus in meinen augen durch seine umbauten an vielen stellen sehr geschadet hat. für meinen vater war das eine große enttäuschung, er hat dann schließlich an anderer stelle gebaut. ich selbst habe mir bereits mit 16 jahren im speicher mein malatelier eingerichtet, in dem ich mit freunden ausstellungen und lesungen veranstaltete, bevor ich 1962 nach paris ging. meine großmutter wohnte hier noch einige zeit allein. als sie starb, haben meine eltern ihre wohnung zunächst behalten, weil sie hofften, ich würde vielleicht zurückkommen. und ich kam tatsächlich für drei jahre zurück, um noch einmal dort zu wohnen. danach ging ich nach berlin und meine eltern haben die wohnung aufgegeben. wenn ich das haus jetzt sehe, dann ist es mir sehr vertraut, zugleich ist es kaum wiederzuerkennen. in den 40ern und 50ern war alles etwas krummer und schiefer, was auch seinen charme hatte, aber jetzt ist alles sehr viel klarer und gut renoviert. ich finde das wunderschön.

franziska kunow, bewohnerin,
über seeside wohnen

es muss von anfang an stimmen. wenn ich die tür aufschließe, dann ist das für mich nicht nur ein zurückkommen, sondern ein ankommen. das ist mir ganz wichtig, nur dann fühle ich mich wohl. nachdem wir hier eingezogen sind, habe ich ein festes ritual entwickelt: ich komme rein, ich begrüße die wohnung, schiebe die türen zur loggia auf und lasse die umgebung auf mich wirken, die obstwiesen, die ruhe. anschließend gehe ich in die küche und trinke einen kaffee. und so lange lass ich alle taschen am eingang stehen.

wenn ich mich frage, warum ich mich hier so wohlfühle, dann fallen mir gleich mehrere dinge ein. zum einen liegt es sicher daran, dass sich der ganze raum zur umgebung hin öffnet – auch das parkett ist so verlegt, dass es den blick nach draußen ins grüne leitet. es ist hell, ich habe den überblick, und zugleich gibt mir die wohnung ein gefühl von geborgenheit, weil sie auch ihre grenzen hat und die loggia nicht nur zusätzlichen freiraum, sondern auch schutz bietet. zum anderen leben

wir hier sehr nah an der natur, oft sehe ich einen greifvogel, im sommer kreisen die mauersegler und im moment sammeln sich die stare. manchmal wechsle ich blicke mit einem fuchs, der hier morgens vorbeikommt, und neuerdings lebt auch ein dachs im garten – obwohl wir mitten in allmannsdorf sind. es ist wirklich eine oase, in der die anlage hier ruht.

zudem ergibt sich für mich das gefühl von stimmigkeit aus der funktionalität. ich bin im laufe meines lebens sehr oft umgezogen und man entwickelt über die zeit im alltag ja so seine gewohnheiten und individuellen laufwege. ich habe es schon erlebt, dass mir eine wohnung etwas vorgegeben hat, wo ich schnell gemerkt habe: „ich passe da eigentlich gar nicht hinein." und das geht einfach nicht, da bin ich dann wieder ausgezogen. hier aber stimmen meine laufwege genau mit meinen bedürfnissen überein, dass ich zum beispiel in einem kleinen bogen vom eingang nach links zur küche gehe, dass ich von dort den freien blick ins wohnzimmer habe und zum garten hinaus. das fühlt sich alles richtig an. und schließlich gefällt mir besonders die leicht versetzte anordnung von wohnen und essen.

die bereiche sind klar abgegrenzt, fließen aber harmonisch ineinander. die möblierung steht dadurch nicht einfach aufgereiht wie im möbelhaus nebeneinander. ich denke, große wohnungen kann jeder bauen – aber wenn aus einer kleinen wohnung keine schachtel wird, dann ist das doch etwas besonderes. und das ist hier gelungen. wir haben zuvor sehr lange gesucht und viele wohnungen angeschaut, die alle nicht einlösen konnten, was wir uns erhofft hatten. aber hier wusste ich sofort, dass ich andocken kann. die wohnung passt zu mir, sie nutzt den raum optimal aus und bietet uns viel. wir haben zwei bäder, einen abstellraum, holzfußboden, fußbodenheizung, diese wunderbaren natürlichen materialien – das ist ein tolles gesamtkonzept.

mit den architekten teile ich das anliegen, dass das erscheinungsbild des gesamten ensembles so bleibt, wie es geplant und umgesetzt wurde. auch in meiner funktion als verwaltungsbeirätin der wohnungseigentümergemeinschaft lege ich darauf wert und muss dies hie und da abermals an die bewohner vermitteln. natürlich wollen wir als eigentümer auch mit der zeit gehen und so

planen wir gerade ladestationen in der tief-
garage und auch eine beschattung von sehr
exponierten fenstern soll realisiert werden.
bei solchen vorhaben stehen uns die architekten gut zur seite und sind mit im boot. gemeinsam achten wir darauf, dass weiterhin
alles stimmig bleibt und dass zum beispiel
die fassade nicht verändert wird. ich könnte
also nicht einfach irgendeinen windschutz
anbringen oder meine loggia verglasen. aber
das würde ich auch gar nicht wollen. denn
so, wie das alles hier in einem langen architektonischen prozess geplant wurde, ist es
gut, es ist schön – und es funktioniert.

peter kolb, bauherr,
über sporthaus zum see

früher war es einfacher. 1976 bin ich in das unternehmen meiner eltern eingestiegen, da haben wir noch boote und campingartikel verkauft. das geschäft mit sportartikeln ist eine spannende branche, der wandel ist enorm und man muss immer in bewegung bleiben. als das lago center eröffnet hat, haben wir die marktführerschaft verloren. so etwas kratzt am ego. ich musste entscheiden, ob ich aufhöre oder angreife und ob ich den mut habe, dabei einen schritt weiterzugehen. meine kinder waren damals noch minderjährig und ich habe sie auch nach ihrer meinung gefragt. mir war klar, dass ein neuer laden sexy sein muss, wenn ich möchte, dass die kinder ihn einmal übernehmen. sonst wollen die das nicht. nach jahrelanger suche haben wir uns schließlich für den jetzigen standort entschieden, um dort etwas neues zu bauen. dabei habe ich durchaus auch spaß an alten gebäuden, das finanzamt nebenan gefällt mir sehr. aber ich wollte etwas haben, das auch in den augen meiner kinder in zukunft noch bestand haben wird.

dass das in einer stadt wie konstanz schwierig werden würde, habe ich erwartet. abgerissen ist ein altes gebäude ja schnell. aber wie man es danach richtig macht und wie man es gut macht – diese klärung hat lang gedauert und war sehr intensiv, nicht nur in der auseinandersetzung mit der stadt, auch zwischen mir und den architekten, vor allem im hinblick auf die gestaltung des innenraums. ich habe jahrzehntelange erfahrung im handel und weiß, worauf es ankommt: in erster linie brauche ich fläche, damit ich umsatz machen und das ganze auch bezahlen kann. die architekten haben da einen anderen ansatz, die denken in konzepten und in schön. sicher, das eine muss das andere nicht ausschließen. aber wir mussten da schon sehr viel diskutieren. ich war lange unzufrieden, wollte eine zentralkasse, nicht mehr als 20 bis 25 quadratmeter für das treppenhaus und eine bestimmte größe der wandfläche. auch bei der loggia waren wir uns nicht ganz einig: bächlemeid wollte, dass die erste etage möglichst offen ist und sich zur straße hin zugänglich zeigt. ich aber musste schauen, wo ich meine umkleidekabinen unterbringe.

jetzt haben wir dort oben eine kleine cafeteria und eine lounge mit kinderspielecke und das ist gut so. wir werden diesen bereich aber nicht noch erweitern.

der neubau war teilweise nervenaufreibend, weil links und rechts von der baugrube die häuser zusammenzubrechen drohten. in so einer situation muss man schon sehr aufpassen, dass einem nicht alles um die ohren fliegt. das war eine spannende zeit und ich habe viele graue haare bekommen dabei. jetzt habe ich zwei häuser gebaut und vielleicht baue ich noch ein drittes, mehr aber sicher nicht. denn es reicht nicht, als unternehmer einfach nur ein schönes haus zu bauen, man muss es auch mit leben füllen, mit produkten und erlebniswelten. dafür muss man sehr genau wissen, wen man überhaupt ansprechen will.

als fachgeschäft können wir die preisherrschaft nicht gewinnen. wir haben uns also mit unserer zielgruppe von der mitte nach oben abgesetzt und wollen unsere kunden sowohl mit der außengestaltung des hauses als auch mit der gestaltung innen erreichen, das haus muss einladend sein und neugierig machen. das bekommen wir gut hin. man sieht schon von außen, dass es im geschäft nach oben und nach unten geht und dass da überall etwas passiert.

mittlerweile gehören meine anteile am unternehmen tatsächlich meiner tochter und meinem sohn, ich bin offiziell draußen. aber natürlich assistiere ich den beiden und werde sie weiter begleiten. ich bin sicher, dass meine kinder sich mit dem bau und dem laden identifizieren können, sonst hätten die das nicht übernommen. die wissen genau, was in der branche geht und gestalten das mit. alles, was gemacht wird, entscheiden wir jetzt im team.

**stimmen von außen**

kurt werner
über alexander heitz k12

inmitten der dicht bebauten historischen altstadt von konstanz liegt das schmale denk-
malgeschützte mittelalterliche anwesen aus
dem ende des 14. jahrhunderts, bestehend
aus vorderhaus (bis 1894 viergeschossiger
steinbau mit satteldach) sowie hof und hin-

terhaus. auch wenn sich
mein nachfolgender bei-
trag im wesentlichen
auf den umbau des zwei-
geschossigen taschen-
ladens im wohn- und
geschäftshaus an der als fußgängerzone
ausgewiesenen kanzleistraße beschränkt,
ist es für das verständnis der realisierten
planungskonzeption wichtig, die bauhistori-
schen rahmenbedingungen, recherchiert
und zusammengestellt von frank mienhardt,
darzustellen. deshalb sei der würdigung des
aktuellen umbaus ein kurzer blick in die
jüngere baugeschichte des anwesens voran-
gestellt, wodurch die sich wandelnden vorstellungen zum ladenbau seit dem späten
19. jahrhundert exemplarisch verdeutlicht

werden können. 1894 erfuhr der bau nach planung von jakob walther eine aufstockung um ein weiteres geschoss mit abschließendem flachdach. erd- und obergeschoss wurden zu einem ladengeschäft mit galerie und lichthof zusammengefasst. mit einer aufwändig dekorierten neurenaissance-fassade präsentierte sich das modernisierte wohn- und geschäftshaus im straßenraum. besonders markant war der laden gestaltet. großflächige schaufenster, bekrönt von lünetten und rechteckoberlichtern, unterteilt und umrahmt von werkstein- und guss-eisenelementen, ergaben eine transparente, geschossübergreifende ladenfront.

unter dem örtlich renommierten architektur-büro ganter & picard fand 1930 eine purifizie-rung der fassade im zeichen der historismus-kritik statt. der laden trat mit ungeteiltem, breitformatigem schaufenster, zurückge-setztem seitlichen eingang und durchlaufen-dem lichtband darüber stärker horizontal gegliedert und dabei sachlich-reduziert in erscheinung. bereits wenige jahre später (1936/37) wurde unter dem architekturbüro graf & biesemeier die eingangsfront komplett zurückgenommen und somit eine vorzone mit auslagevitrinen geschaffen. diese vitrinen wurden 1973/74 im zuge einer abermaligen ladenumgestaltung durch den architekten klaus h. d. keller zugunsten einer offenen vorzone wieder entfernt.

die architekten karin meid-bächle und martin bächle haben sich in besonderer weise mit der vorgefundenen bausubstanz auseinandergesetzt und die schichten des bestandes lesbar gemacht, unter beachtung der nutzungsbezogenen und gestalterischen anforderungen. so reflektiert die heutige konzeption die wechselnden überformungen des 19. und 20. jahrhunderts; das haus mit seinem zweigeschossigen laden wurde somit nicht in seinen „originalzustand" zurückgebaut, sondern als eine überlagerung von verschiedenen zeitschichten begriffen und eine in sich stimmige gesamtlösung entwickelt durch reduktion, materialität und sensible details.

die gestalt des hauses ist geprägt durch seine murale fassade mit je zwei übereinander tief in der laibung sitzenden zwillingsfenstern und plastisch hervortretenden gesimsen als horizontalgliederung. für den interessierten betrachter wurde auch der historische hausname und das gebäudealter subtil und in sprechender farbigkeit auf den kalkputz gemalt: in einer feinen pinkfarbenen schrift erscheint „zum schweinsspiess 1369".

die wesentlichen behutsamen baulichen veränderungen in der fassade beschränken sich auf eine durchgehende horizontale ungeteilte fensterscheibe im mezzaningeschoss des ladens, ebenfalls mit zwei durchlaufenden gesimsen gerahmt, wobei in das unterste

gesims sorgfältig eine markise integriert wurde. darüber hinaus ist der jetzt neu gestaltete helle, offene eingangsbereich mit beidseitig integrierten vitrinen zu nennen, der es kunden und flaneuren ermöglicht, die ausgestellten waren wettergeschützt und ohne gedränge zu betrachten. die vollständig rahmenlos verglaste zurückversetzte eingangsfront bietet zwei funktional getrennte zugänge für den laden und die obergeschosse und gewährleistet gleichzeitig die größtmögliche transparenz zum öffentlichen raum.

betritt man den innenraum des ladens, besticht einerseits das kraftvolle architektonische erscheinungsbild der inneren tragenden sichtbetonscheiben mit der scheinbar schwebenden galeriedecke und der freistehenden  monolithisch wirkenden verkaufstheke; andererseits beeindrucken die bis zur außenwand des rückgebäudes durchgehenden, handwerklich filigran gefertigten, zum teil zweigeschossigen wandregale aus eiche, die gleichzeitig als individuell nutzbare ordnungselemente dienen und den blick freigeben auf die dahinterliegende giebelwand in geschlemmtem ziegel- bzw. mittelalterlichem wackenmauerwerk auf der galerie. im rückwärtigen ladenteil führt eine skulpturale betontreppe mit massiven brüstungen in den oberen verkaufsraum zur galerie, von welcher der kunde einen schönen blick über den zweigeschossigen eingangsraum hinweg bis auf die kanzleistraße erhält.

der schnitt verdeutlicht die gelungene räumliche komposition mit seinen differenzierten raumhöhen wie auch das gekonnte wechselspiel von gläsernen und massiven brüstungen. die einheitliche verwendung von hellem beton für den boden und die wände im erdgeschoss, einschließlich des vorbereiches und der galerie, steigern die erlebbarkeit des raumkontinuums; nicht zuletzt durch das überzeugende beleuchtungskonzept mit den gekonnt in die decken integrierten linearen leuchtelementen sowie der konsequenten indirekten beleuchtung der historischen wandflächen und regale.

die selbstverständlichkeit, mit der sich das haus mit dem neuen ladenumbau und seiner unverwechselbaren ästhetik präsentiert, beweist mut, sensibilität und respekt im umgang mit der historischen bausubstanz. insgesamt überzeugt der neue laden durch eine stringente gestalterische konsequenz mit eindeutiger materialverwendung und einer präzisen detailsprache, die im besten sinne als vorbildliches weiterbauen im bestand gelten kann, ohne zu verleugnen, dass die baumaßnahme in unserer zeit durchgeführt wurde.

arno lederer
über atelierhaus sigle

„sie haben das ziel erreicht, mozartstraße 31, deißlingen." was das navi mir sagte, konnte eigentlich nicht sein. die hausnummer zierte ein „überall-vorort-einfamilienhaus", das sich eher für eine soziologische auseinandersetzung über die baukulturelle beschaffen-

heit kleinstädtischer milieus eignete. zurück zum auto, anruf im büro. doch, es sei schon so, ich möge doch bei 31 klingeln. dann, beim zweiten anlauf, blinzelt mir hinter den hellen spachtelputzfassaden die ecke eines holzhauses entgegen. das haus sigle. links löst sich die holzwand in einen grit auf, rechts bildet eine glasfassade, vielfach in liegende rechtecke geteilt, das markenzeichen, ein fotomotiv bei tag und nacht. dazwischen der eingang.

sigle öffnet. dunkler bart, freundlich, direkt. künstler und kunstlehrer. frau sigle, ebenfalls künstlerin, ist gerade nicht zu hause:

unterricht. schuhe ausziehen? „nein, um gottes willen, kommen sie herein.“

eigentlich bin ich der architektur wegen gekommen. man studiert die räume, die materialien und farben, dann die einrichtung. schließlich die frage an die bewohner: wie sie mit dem haus zurechtkämen, eine antwort erwartend, den eigenen eindruck bestätigend. bei sigle ist es anders. wir unterhalten uns über seine kunst, die des schwiegervaters und seiner frau.

auf dem langen tisch brezeln und kaffee. wir sitzen auf holzstühlen, in der machart  denen des frankfurter küchenstuhls ähnlich. und nun wird mir klar, warum man manchmal sagt, architektur sei wie ein weiteres kleidungsstück; in diesem fall eignet sich der begriff klamotten besser. mensch und haus sind eins. du schaust dein gegenüber an, du sprichst mit ihm und du weißt, wie die architektur um ihn beschaffen ist. und weil das alles so natürlich und selbstverständlich ist, es weiter keiner architektonischen erklärung bedarf, schiele ich im gespräch lieber auf die bilder ringsum. die hausklingel unterbricht unsere unterhaltung. herein kommen die architekten. freundliches grüß-gott zu mir, herzlich vertraut zum bauherrn, wie eine bestätigung eines harmonischen verhältnisses zwischen bauherrschaft und architekten. wie war das nochmal bei der familie savoye? der große meister hinterließ, nach deren aussage, wohl einen unbewohnbaren bauschaden, der heute unter denkmalschutz steht. oder miss farnsworth, die ihr inzwischen zur inkunabel der moderne zählendes haus ebenfalls für unbewohnbar erklärte. nicht wegen bauschäden, sondern wegen des offenen grundrisses.

ob das haus sigle ein paar kleine macken hat, konnte ich nicht feststellen. es steht auf jeden fall noch eins a da, das holz ein bisschen verwittert, was den charme, den das gebäude ausstrahlt, nicht mindert. und dass es wohnlich ist, spürt man bereits beim eintreten.

der akademische entwurfsansatz spielt dabei keine rolle. die grundrisse und schnitte würden jedem entwurfsatlas als vorbildliches beispiel für einfamilienhäuser gut zu gesicht stehen. drei raumschichten in längsrichtung ergeben das gefüge: treppe, flur, zimmer. fertig. eisenbahnwagen mit seitlich angeschlossener treppe im obergeschoss. im erdgeschoss, parallel zur treppe, ein kern für küche und sanitär, an den stirnseiten die größeren räume. ein plan, von dem man leicht sagen kann: „das hätte ich auch so machen können." „hast du aber nicht", würde man antworten. die kunst des einfachen ist eben doch nicht so einfach. von corbusier bis zu luigi snozzi: wie unterschiedlich man mit dieser typologie umgehen kann, ist erstaunlich. bei bächlemeid ist die treppe gleichzeitig gläsernes regal, die zimmer sind abteile. nur auf der nordseite wird die anordnung leicht gebrochen: eine querliegende treppe findet sich da, die als abschluss des hauses die längs angeordneten raumschichten abschließt. dort sieht man hinaus in eine galerie, was erst auf den zweiten blick auffällt, da die kunstgegenstände der hausbewohner rundherum den blick einnehmen. dort ist es gut, dass sich die architektur zurücknimmt, die musik spielt ohnehin im treppenhaus. es war eines der ersten häuser, das die partnerschaft bauen konnte. den meisten erstlingswerken  spürt man an, dass sie am anfang einer reise stehen, die zu diesem zeitpunkt noch gänzlich ohne hindernisse ist. die unbekümmerte freude an der architektur zeigt sich an vielen stellen: der treppe, kleinen liebevollen details bis in die kleinsten ecken. wie zum beispiel im untergeschoss, wo einem ein monstrum an tür, die ebenso zu onkel dagoberts tresor führen könnte, den zugang zum weinkeller versperrt. oder im äußeren, wo die holzlatten mit vielen notenlinien die hülle, mal offen, mal geschlossen, umspannen. das ist auch die „jugendlichste" partie des hauses.

den wirklichen wert des hauses erkenne ich, als ich mich verabschiede und die kleine straße hinauf zum auto gehe, vorbei am sammelsurium hilfloser, wenn auch gut gemeinter architektur. und ab und zu der blick zurück. da erst wird klar, was den architekten so gut gelungen ist: ein einfaches haus mit sparsamen mitteln und klarem konzept zu bauen. das ist die kunst. und diese kunst hat bächlemeid mit bravour gemeistert.

kornelia gysel
über bezner turm

ist es die harte schale zum weichen kern?
oder die camouflage für innere flexibilität?
machen es struktur und abweichung oder
 ganz einfach die bröseligen
klinkersteine zum rätsel?
ein haus, das so wirkt, als wäre
es schon immer hier gewesen.

und so wird hier gewohnt, im
alten neubau, im neuen altbau. schwierig zu erkennen.
aber es tut auch nichts zur
sache. rapunzel hat einen turm, dornröschen
ein schloss. aber im bezner turm wird nie-
mand ernsthaft hundert jahre warten auf identität. weil sie bereits gewachsen ist.

das ganze haus eine collage der steine. als
wäre es für die ewigkeit. die böden, bestehend und neu in beton, terrazzo, klinker. die
decken freigelegt, verstärkt, geschützt. die
hülle erfunden. als wäre die geschichte wahr.
verschmelzen, addieren, schichten. als erinnerung und leinwand für die projektion.

dieses haus. verhandelt und ausgehandelt und neuverhandelt. in der gruppe, mit der gruppe, für die gruppe. und getragen durch die architektur. wow. tatsächlich? am ende sitzt jeder in seiner stube und atmet die ruhe nach einem sechsjährigen prozess.

die struktur, der zuschnitt, die komposition der zimmer: irgendwie alles für alle, irgend-

wie individuelle bedürfnisse in kompaktem rahmen. letztlich maßgeschneidert bis zur schmerzgrenze. wie viel individualität, wie viel freiheit, wie viel regelloses erträgt die gemeinsame vision? geht das: sich einbringen und die autorenschaft in einem werk nicht stören?

gemeinschaftlich wohnen geht anders. gemeinschaftlich mehrwert schaffen auf dem weg zum projekt, das geht sehr wohl. den schmalen grat nicht verlassen, den dünnen faden nicht verlieren, den raum zum atmen dem einzelnen lassen.

entstanden sind räume, die sich einwohnen. sie erzählen schon jetzt eine geschichte, 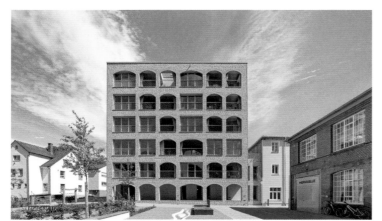 vom vorher, vom kommenden, von der gegenwart. räume für lebensmodelle, für individuen, für menschen. nicht für die architekten. obschon sie sich durchaus daran erfreuen (dürfen). es sind räume für den alltag. steht in der nische ein stuhl? ist das ein arbeitsplatz? mein garten ist in der dritten etage.

da sind wohnungen, in die es sich reinzuwachsen lohnt. um sie zu besitzen, um sie zu beleben, mit kopf und herz. um sie weiterzugeben an die nächste generation. bauen und umbauen, aneignen und nutzen, als teil der biografie des hauses.

und fast erscheint der bezner turm als ein lehrstück, ein sinnbild, als allegorie auf ein architekturschaffen: prozesse steuern, zusammenhänge erkennen, kompromisse finden, ja. aber das haus, den raum, das bild erfinden. im gespräch, in der zeichnung und im material. so geht das.

andreas cukrowicz
über haus josefine kramer

architekten lieben bilder. architekten denken auch in bildern. viele von uns besitzen viele bücher, viele von uns lesen viele bücher,  natürlich sind es auch architekturbücher und lesen bedeutet vielfach blättern und dann blättern von bild zu bild, denken von bild zu bild und über das dazwischen. ich nehme mich hier gar nicht aus, auch ich streife, denke und fühle von bild zu bild und habe mich diesem projekt über bilder genähert. und über pläne. die bilder wirken interessant. finde ich aus betrachterdistanz. sie sind nahezu abstrakt. mit statischer dynamik. bildkompositionen einer perfekten architektur. gemacht aus bestimmten einzelnen blickwinkeln. um räume zu zeigen, ideen zu transportieren, geschichten zu erzählen. ich mag sie gerne, diese bilder, die mich entführen in eine art wachtraum, in eine art heile welt. diese bilder, die mich neugierig machen, ganz unerwartet inspirieren und meine gedanken anregen. emotional berühren. die blaue stunde, übergangsphase im schönen licht, dem licht von beiden seiten, das alte licht des tages und das neue der nacht. diese phase trägt etwas positiv trauriges in sich, etwas stimmungsvoll atmosphärisches, nicht mehr und noch nicht ganz. etwas faszinierend irreales. abschied, erinnerung, traum und leere. rein technisch betrachtet blenden bilder, die in dieser phase entstehen, umgebungen aus, verhindern ungewünschte ablenkungen und ermöglichen eine bessere konzentration auf das objekt. die meisten interessant publizierten architekturen enttäuschen, wenn man sie vor ort betrachtet. vielleicht weil sie etwas

vorgeben, das sie in wirklichkeit nicht sind. vielleicht weil sie nicht authentisch sind, vielleicht weil ihr schein wichtiger war als ihr sein. und dann gibt es einzelne, wenige, die zwar gute bilder ermöglichen, deren ureigenstes sein aber nicht fotografierbar ist, deren qualitäten und inhalte sich erst auf den zweiten blick erschließen. und besser werden. unerwartet und plötzlich. unbeeinflusst sich erst im hiersein eröffnen, beim erspüren und erfühlen, beim nachdenken und sehen. befindet man sich vor ort, verschwinden die gelernten bilder. und das haus beginnt zu leben. beim durchschreiten, beim durchwandern. ich bin immer wieder fasziniert von objekten, die vor ort besser sind als auf den guten bildern. es ist, als wenn sie eine art eigenleben in sich tragen, beseelt sind von etwas, das irgendwie größer ist. dieses haus ist kein haus im klassischen sinn, es reagiert nicht, wie ein haus gewöhnlich oder in meiner erfahrung auf sein umgebendes reagiert. es ist vielmehr ein gebilde, das sich langsam suchend in seine nachbarschaft vortastet und in jeder richtung die eigenschaften und qualitäten des guten gegenspielers findet. und dann aufrecht, auf augenhöhe und angemessen reagierend zum spiel aufruft, herausfordert und als perfektes passstück antworten liefert: subtile und vielfältige, gefühlvolle und beschwingte und mehrmalig durchaus überraschende. dem stadtraum wird unaufdringlich und ruhig die stirn geboten, hier zeigt die persönlichkeit des hauses sichere haltung, baut schutz auf für alles weiche und sanfte dahinter. die mauerfigur ist präsent und doch nicht hart. sie bildet eine klare grenze und gleichzeitig auch einen übergang. feste raumkörper mit nebenfunktionen bestimmen in der grundstruktur den rhythmus des hauses, dazwischen befinden sich offen ausgebildet die gruppenräume, straßen- und gartenseitig flankiert von eingeschnittenen loggien als zusätzlichen spielplätzen im freien. die großen öffnungen unterstützen die plastizität und entwickeln eine begeh- und bespielbare skulptur. die innere organisation ist einfach und übersichtlich. ein gedeckter eingangsbereich führt den besucher in die zentrale halle, von der aus die vier bereiche familientreff und spatzennest, kindergarten und kinderkrippe zugänglich sind. eine lineare erschließung verbindet alle funktionen in längsrichtung. sie wird begleitet von einer art filterschicht mit verglasungen und türelementen, mit regalen aus sperrholz, die sich angenehm mit der rohen betonhaptik der schützenden und beschwingten dachlandschaft und dem sandfarbigen bodenbelag verbindet. alle anderen oberflächen im gebäudeinneren sind in weiß gehalten und bilden einen neutralen hintergrund für alle stattfindenden aktivitäten, halten sich zurück. hell und freundlich strahlt das haus  großzügigkeit, offenheit und dezente lebendigkeit aus, heitere ruhe und beschwingtheit. irgendwie wirkt alles so vertraut, so selbstverständlich positiv, so unaufgeregt normal. da ist nichts gekünsteltes oder gesuchtes. alles hat seinen richtigen platz, seine richtige form und den richtigen umgang gefunden. völlig stimmig reiht sich in diese kette auch das erscheinungsbild des hauses als symbiose aus reaktionen auf vorhandenes und den eingewobenen spuren der geschichte des ortes. obwohl der alte bahnhof schon vor jahren abgerissen wurde, hat er doch über lange zeit maßstab, struktur und sprache seiner umgebung geprägt. in der erinnerung des ortes bleibt er präsent. und so ist es bei genauer betrachtung auch gar nicht erstaunlich, dass sich der eigentlich ortsfremde ziegel in dieser situation nicht als modische textur, sondern als absolut stimmig erweist und der identität dieses ortes genau entspricht. auch genau die kehrung der rückseite mit ihren produktionsbedingten unregelmäßigkeiten nach außen übernimmt die ungeschönte grobheit des bahnhofcharakters und entwickelt ein wunderbar lebendiges mauerbild, das sich am schönsten im warmen streiflicht des späten nachmittags entfaltet. die gestaltungsthemen des hauses finden ihre stimmige fortführung im außenraum. präzise herausgearbeitete linien definieren raumgrenzen nach außen, zickzackbewegungen in der mitte der anlage entwickeln überschaubare sequenzen, ohne das große ganze aus den augen zu verlieren. die eindeutige positionierung des hauses und die abschirmung zur straße machen den spielgarten zur ruheoase aus offenen freiräumen, zwischen heckenkörpern und weidentunneln entstehen magische orte und entfaltungsbereiche. das haus will nicht laut sein. es ist, was es ist. selbstverständlich und unaufgeregt. bildhauerarbeit und soziale skulptur. es verkörpert die positive grundhaltung zum leben der in tettnang geborenen wissenschaftlerin und heilpädagogin, kinder- und jugendpsychologin josefine kramer.

bei ihrer arbeit mit kindern kam es ihr darauf an, die vordergründigen erscheinungen durch verständnis für die ursachen zu überwinden oder vom makel einer fehlleistung zu befreien. ich habe mit karin und martin nicht geredet über die inhalte des entwurfs, über ihre gedanken und das, was ihnen wichtig war beim arbeiten, beim bearbeiten, beim formen und fügen, beim hineinfühlen und entwickeln. je mehr ich mich aber mit dieser arbeit beschäftige, bemerke und spüre ich, wie sie der sache auf den grund gehen wollten, wie sie die dinge verstanden haben und das, worum es möglicherweise geht. es ist immer wieder schön zu erkennen, welchen beitrag und mehrwert architektur leisten kann und dass wirklich gute architektur kein spektakel braucht.

philip lutz
über haus k

karin führt uns einen nachmittag lang durch „ihre stadt" konstanz. ohne einführende worte standen wir vor dem haus k. wie kann man nur ein haus derart seltsam auf sein eigenes grundstück stellen? so dachte ich. kein vorgarten, eigentlich überhaupt kein garten, nur abstandsgrün. kein eingang ist zu sehen, nur ein garagentor. darüber schwebt diese

dunkle maske, dach und obergeschoss zugleich. das haus zeigt eine abstrakte oberfläche, wenig kontaktfreude zum öffentlichen raum, zur straße. ach so, hier handelt es sich um den umbau eines hauses aus den 70iger jahren, das erklärt schon mal einiges.

das nächste rätsel löst sich auf, wenn man zum eingang geführt wird. vom auskragenden obergeschoss beschützt, erlebt man den garten als lineare abfolge schöner pflanzen, der garten wird als täglicher weg zelebriert. die abstrakte hülle des obergeschosses,

zugleich das dachvolumen, lässt einen eintreten, unterschlüpfen, wird zum räumlichen
ereignis. das ganze haus entwickelt sich in
diesem dachvolumen, gewohnt wird „oben".
finde ich wunderbar, ganz richtig. vor allem
dann, wenn es in einem quartier zunehmend

enger wird, bieten die obergeschosse immer noch licht,
aussicht und privatheit.

die wohnräume verschmel-
zen und kulminieren in einem
geschützten außenraum, der
das haus allseitig umhüllt.
aber was ist es denn nun, dieses abstrakte volumen? eine veranda, ein
wintergarten, eine schwebende terrasse, eine
pergola, eine voliere? es ist ein vielschich-
tiger und ausgesprochen angenehmer raum,
der alle beziehungen zwischen haus und
außenraum erklärt und gestaltet. der das
leben in diesen räumen zwischen innen und
außen moderiert, zwischen den jahreszeiten
vermittelt und, handwerklich hervorragend
ausgeführt, zur nachahmung inspiriert.

peter cachola schmal
über haus müller

ein kantiger weißer neubau, pur und abstrakt, mit sehr tiefen verputzten fensterlaibungen in quadratischen öffnungen und einem steilen dach steht inmitten der konstanzer fußgängerzone in der historischen altstadt. offensichtlich werden mit einem optikergeschäft in den ersten beiden geschossen und einer art einfamilienhaus für den optikermeister müller in den vier geschossen darüber wohnen und arbeiten an einem zentral gelegenen ort vereint. ist

es nicht das, was wir ständig verlangen: urbanität und dichte, mischnutzung, gegenwartsbezug des entwurfs und dabei eingehen auf den historischen kontext? in der jury häuser des jahres 2016 haben wir die einreichung dieses hauses mit freude registriert, denn wir haben ja schon manchmal ein schlechtes gewissen, antiurbane ferienhäuser in einmalig schöner landschaftlicher umgebung zu bepreisen, über deren wege der durchsetzung des bauwunsches man gar nicht nachdenken möchte. unser juryorganisator wolfgang bachmann bemerkte zum konstanzer bau, den er bereits vor ort gesehen hatte: „es wirkt standhaft und ortsan-

sässig und nervt unweit des reich geschmückten renaissance-rathauses nicht mit bunter folklore – ein charakter, der sich elegant und kraftvoll zwischen die aufgebrezelte verwandtschaft stellt." mit erstaunen nahmen wir in der jury-sitzung zur kenntnis, dass nicht wenige konstanzer bürger dies offenbar ganz anders sahen. auf der website des lokalen blatts südkurier sind die ganzen auseinandersetzungen um den wiederaufbau seit dem verheerenden brand 2011 für die ewigkeit archiviert. „... nun zeigt sich die ganze scheuß-lichkeit der architektur ‚glotzlöcher mit tiefenwirkung' in unserer schönen kanzlei-straße", schreiben örtliche wutbürger dort unter anderem. wir schütteln den kopf, kennen wir doch solche stimmungen von über-allher. ja, um vernünftiges und delikates feinfühlig zu erstellen, kann es sein, dass man jahrelang gegen windmühlen der ignoranz kämpfen muss. wir stellen uns den mutigen bauherren vor, wie er doch mit seinen nachbarn nicht nur auskommen muss, sondern sogar kunden unter ihnen gewinnen muss für seinen lebensunterhalt. diese widerspenstigen meinungen von, wir hoffen, einer (lautstarken) minderheit, verstärken unser urteil noch und wir verleihen dem bauwerk einen anerkennungspreis. wir möchten damit ganz klar die architekten für ihre haltung auszeichnen und sie wissen lassen, dass

ihr wirken in den augen der auswärtigen kollegen nicht unbemerkt geblieben ist. in einigen jahren, wenn patina das grelle neue weiß der kalkputzfassaden getrübt hat, werden sicher auch viele anwohner merken, dass der neubau eigentlich ganz gut hineinpasst in ihre altstadt und diese auf seine weise akzeptiert und ihr seine gestalterische achtung entgegengebracht hat. sie werden sich wahrscheinlich längst an diese veränderung ihrer umwelt gewöhnt haben.

andreas schwarting
über ruderverein neptun

funktionalität und poesie   in prominenter
lage am konstanzer seerhein, direkt gegenüber der historischen altstadtkulisse und

vor den gebäuden des
ehemaligen klosters
petershausen befindet
sich ein recht unschein-
barer bau, der in seinem
gegenwärtigen erschei-
nungsbild im jahr 2019 weder seine ursprüngliche eleganz noch seine architektonische
bedeutung erahnen lässt.

1 ansicht von südosten, 1956

anlässlich der eröffnung des neubaus des
rudervereins neptun wurde 1956 in der
festschrift noch stolz das „erste haus am
deutschen rhein" vorgestellt, das dank
einer spende des in den usa lebenden ehren-
mitglieds und konstanzer ehrenbürgers
william graf das „lieb gewordene, aber bau-
fällige" alte bootshaus des bereits 1885
gegründeten rudervereins ersetzte. dass
man sich für den architekten hermann
blomeier entschied, der 1932 bei ludwig

mies van der rohe am bauhaus dessau sein diplom gemacht hatte und bald darauf für ein züricher bauprojekt in das nahe gelegene konstanz gezogen war, lag ganz entscheidend an dem damaligen vorsitzenden des rudervereins, reinhold walter schwarz. blomeier war damals kein unbekannter mehr – hatte er doch kurz zuvor die international beachteten ländebauten für die fährhäfen konstanz-staad und meersburg fertiggestellt und mit dem gebäude der landeskreditanstalt in karlsruhe am schlossplatz anstelle des kriegszerstörten ministerialgebäudes von friedrich weinbrenner einen viel diskutierten beitrag zum wiederaufbau des barocken stadtzentrums geleistet. in konstanz hatte er unter anderem mit der französischen schule, der kreuzkirche sowie den handelslehranstalten (heute wessenbergschule) mehrere stadtbildprägende bauten realisieren können.

der bau von 1956   die besonderheit des gebäudes wird erst anhand der historischen fotografien von heinz kabus deutlich. sie sind ausgesprochen sorgfältig komponiert – für eine einzige aufnahme vergingen häufig viele stunden, bis die ausleuchtung stimmte, die schatten richtig fielen und die personen auf dem bild perfekt arrangiert waren. bisweilen deutlicher als die aussagen des architekten offenbaren sie die ursprüngliche konzeption des gebäudes, die differenzierte materialität mit dem glatten und präzisen stahlskelett, dem lebendigen farbspiel der embracher hartbrandklinker und den schalungsrauen betonflächen der deckenuntersichten, auf denen die reflexionen des seerheins ein bewegtes lichtspiel erzeugten.

der strengen modularität des tragsystems steht eine subtil ausbalancierte verteilung von offenen und geschlossenen fassaden gegenüber (abb. 1). die räume des rudervereins

2 blick aus dem obergeschoss auf die altstadt, 1956

sind in das stählerne koordinatensystem gleichsam eingehängt, sie bilden terrassen als vorbereiche aus, so dass eine konstruktivistische raumskulptur entsteht, die in ihrer rechtwinkligen strenge an die gemälde von piet mondrian und in ihrer filigranen leichtigkeit an die poesie der beweglichen mobiles

von alexander calder denken lässt. die foto-
grafie von heinz kabus mit dem blick auf
die mittelalterliche kulisse mag an die zeich-
nungen von marcel lods erinnern, der im
zuge der wiederaufbauplanungen von mainz
nach 1945 die alte und die neue stadt in ihrer
gegensätzlichkeit buchstäblich als schwarz-
weißmalerei illustriert – auf der einen seite

Lichtfülle und Finsternis

die dunkle, chaotische
und ungesunde alt-
stadt mit ihren engen
gassen und feuchten
wohnungen, auf der
anderen seite die von
der sonne angestrahlten wohnhochhäuser
in einem park. im unzerstört gebliebenen
konstanz spitzte blomeier diesen gegensatz
nicht zu einem solch unversöhnlichen ent-
weder-oder zu, sondern inszeniert die altstadt geradezu respektvoll als freundliche
kulisse hinter der feinen lineatur der schlan-
ken aluminium-fensterprofile (abb. 2, 3).

der bau bezieht sich aber nicht nur in seiner vordergründigen opposition zur mittelalterlichen altstadt auf den historischen
kontext. im tragsystem und in der inneren

organisation bildet sich noch der bescheidene hölzerne vorgängerbau von 1894 ab, dessen grundstruktur beibehalten und zu einem modularen system transformiert wurde. die erweiterung mit einer bootshalle von 1922 sowie einem späteren anbau im nördlichen bereich ist sogar bis heute erhalten (abb. 4). diese erhaltenen teile der vorgängerbebauung sollten möglichst rasch in einem zweiten bauabschnitt der erweiterung des neubaus weichen. vorgesehen waren dabei im erdgeschoss wiederum bootshallen, zur spanierstraße hin eine bushaltestelle mit kiosk und einer öffentlichen toilette sowie

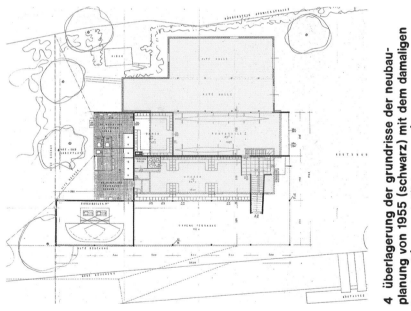

4 überlagerung der grundrisse der neubauplanung von 1955 (schwarz) mit dem damaligen bestand (grau, einfärbung a.s.)

im getrennt erschlossenen obergeschoss eine kegelbahn.
so blieb die front zur spanierstraße mit den beiden hölzernen bootshallen und der nur notdürftig geschlossenen fassade des neubaus ein bis heute unbefriedigendes provisorium.

die stahlkonstruktion des neubaus wurde von blomeier in zusammenarbeit mit der heute inzwischen weltweit agierenden firma gartner aus gundelfingen entworfen (abb. 5). die stahlbauteile wurden komplett vor ort verschweißt, wobei jeweils zwei gekoppelte u-profile ein rechtwinkliges kastenprofil bilden. die abgeschrägten flansche zeigen dabei nach innen, so dass sich eine exakt rechtwinklige und scharfkantige außenkontur bildet. in der planung und konzeption der konstruktiven und ästhetischen details zeigt sich deutlich der einfluss von mies van der

5 montage des stahlskeletts, 1955

rohe, dessen projekte blomeier auch nach seinem diplom am dessauer bauhaus mit aufmerksamkeit verfolgte. dabei war es weniger das formale erscheinungsbild der bauten von mies, das für die arbeit von blomeier maßgeblich wurde, sondern vielmehr dessen haltung dem bauen gegenüber und die sorgfältige arbeitsweise vom entwurf bis in jedes detail der ausführung.

die modulare struktur ermöglichte eine flexible planung, die sich an den räumlichen bedürfnissen und finanziellen möglichkeiten der auftraggeber ausrichtete. an mehreren arbeitsmodellen lässt sich nachvollziehen, dass die idee eines raumtragwerks erst im verlauf der entwurfsarbeit entwickelt wurde. zunächst stand noch die gesamte front zum seerhein auf stützen und bot dem architekten die möglichkeit, angesichts der erheblichen widerstände der konstanzer bauverwaltung gegen dieses bauwerk die avantgardistische ästhetik dieses „neuzeitlichen pfahlbaus" gewissermaßen mit einer bis ins neolithikum zurückreichenden lokalen bautradition zu legitimieren.

erst später wurde auf wunsch des vereins ein zusätzlicher raum mit einem ruderlehrbecken im erdgeschoss eingefügt. dadurch wird dieser vergleich zwar hinfällig, zugleich gewinnt aber die gesamtkomposition der scheinbar spielerisch im stählernen koordinatensystem verteilten raumvolumina erheblich an reiz. diese idee einer modularen primärstruktur, die gleichermaßen als ordnungssystem und tragwerk dient und auf unterschiedliche weise mit einer sekundärstruktur aus raumkompartimenten gefüllt werden kann, nimmt bereits spätere entwicklungen der architektur vorweg, wie sie sich ab etwa 1960 in den entwürfen der japanischen metabolisten um kenzo tange und kisho kurokawa, der „plug-in-city" von archigram oder der „raumstadt" von yona friedman konkretisieren. bezeichnenderweise gibt es nur sehr wenige ausgeführte bauten, die einer solchen konzeption folgen – das 1971 begonnene centre pompidou in paris von renzo piano und richard rogers gehört dabei zu den bekanntesten.

doch wäre es ein missverständnis, in dieser baustruktur lediglich ein raster zu erkennen, das beliebig gefüllt und verändert werden kann. die offenen und geschlossenen flächen, die ausgefüllten und frei belassenen raumkompartimente folgen vielmehr einem dezidiert künstlerischen konzept. so verzahnt sich für die besucher des gebäudes in der offenen südostecke die architektur mit der umgebung des seerheins und durch die unterschiedlichen fassadenebenen enstehen interessante ein- und durchblicke: außen und innen, natur und architektur, transparenz und reflexion, licht und schatten verschmelzen zu einem simultanen architekturerlebnis von höchster qualität (abb. 6). sind es zum seerhein vor allem die offenen terrassen und nur einzelne räume, die mit ihren membranartigen glasfassaden bis zum rand des raumtragwerks vorgezogen sind, wird dieses im rückwärtigen bereich zunehmend gefüllt.

6 ansicht von osten, 1956

dabei befinden sich mit dem restaurant und dem ruderraum die repräsentativ genutzten räume im vorderen und oberen bereich, während das erdgeschoss und der rückwärtige bereich in erster linie die dienenden funktionen – umkleiden, werkstatt, bootshalle – aufnehmen.

neben der filigranen leichtigkeit und präzision ist aber auch noch ein weiterer aspekt dieser architektur anzusprechen. der in seinen ausmaßen bescheidene bau musste in einem sehr engen kostenrahmen erstellt werden. mit seinem in weiten teilen unausgefüllt belassenen tragwerk stellt er eine andere art von reichtum zur schau – den reichtum an offenem raum, der gleichwohl durch das stahltragwerk geordnet und strukturiert ist. es erscheint nicht allzu gewagt, kurz nach dem zweiten weltkrieg darin auch eine haltung des architekten gegenüber der besonderen historischen situation zu erkennen: die offenheit des raumes verweist auf eine offenheit der zeit, in der viele aspekte einer jungen demokratie tatsächlich noch mit inhalten zu füllen waren.

7 ansicht von osten, 2016

inwieweit sich die nutzer des gebäudes mit solchen fragen auseinandersetzten, darüber kann nur spekuliert werden. jedenfalls kam es bis heute nicht zu dem bereits 1955 geplanten zweiten bauabschnitt, stattdessen nahm man dankbar das angebot der offenen tragstruktur an und reizte es bis an die grenzen des möglichen aus, um dem zunehmenden bedürfnis nach nutzflächen herr zu werden (abb. 7, 8). im erdgeschoss wurde der offene bereich zugunsten von lager- und kraftsporträumen komplett geschlossen, die terrasse im obergeschoss wurde teilweise mit einem raum für wanderruderer überbaut. darüber hinaus wurden an vielen stellen bauzeitliche bauteile ausgetauscht,

so dass heute aluminium- und kunststoff-
fenster, putzoberflächen, verblechungen,
markisen, fluchttreppen und -leitern das
ursprünglich filigrane erscheinungsbild ver-
unklären. in seinem gegenwärtigen zustand

ist die ursprüngliche
wirkung des gebäudes
kaum noch zu erleben.
umso erfreulicher ist

8 ansicht von osten,
bauaufnahme htwg 2016

es, dass vom gegenwärtigen vorstand des
rudervereins unter vorsitz von stephanie
peters ein auswahlverfahren für eine baumaßnahme angestoßen wurde, aus dem der
entwurf des konstanzer architekturbüros
bächlemeid als sieger hervorging.

planung 2017/18   wie kann nun eine erwei-
terungsplanung auf die oben beschriebenen
qualitäten angemessen reagieren? wäre es
erstrebenswert, den entwurf von blomeier
für den zweiten bauabschnitt nach über
sechzig jahren umzusetzen? weder für die
kegelbahn noch für den kiosk und die öffentlichen toiletten gibt es einen aktuellen
bedarf, außerdem haben sich keine zeich-
nungen erhalten, in denen auskunft über
die von blomeier geplante nordfassade zu

finden ist. darüber hinaus wäre es nicht möglich, die baudetails von 1955, etwa die industriell gefertigten aluminiumfenster, erneut in der gleichen form herzustellen.

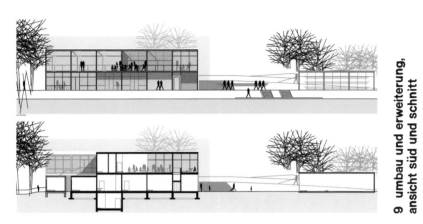

9 umbau und erweiterung, ansicht süd und schnitt

so scheint es angemessener, die bauliche erweiterung in einer zeitgenössischen architektursprache zu planen, gleichzeitig aber die funktionalen und gestalterischen qualitäten des ursprungsbaues so umfassend wie möglich wiederzugewinnen.

zur spanierstraße soll anstelle der alten hölzernen bootsschuppen eine zweigeschossige erweiterung mit bootshallen im erdgeschoss und weiteren gymnastik- und besprechungsräumen im obergeschoss entstehen, das auch zur rückwärtigen erschließung des gebäudes über eine großzügige terrasse mit freitreppe dient (abb. 9, 10, 11, 12). als massivbau setzt es sich klar vom bestand ab, folgt aber sowohl dem raster als auch blomeiers konzept einer zunehmenden verdichtung der nutzung im wasserabgewandten bereich, die sich nun auch in der konstruktion ablesen lässt: die erweiterung ist gleichsam das massive rückgrat, an das die sich zum wasser hin öffnende stahlskelettkonstruktion angelehnt ist.

dabei sollen die sägerauen holzbretter der schalung die oberfläche des betons prägen und die holztore zu den bootsräumen sollen die gleiche bretterstruktur aufweisen wie die betonschalung. ein solches konzept erscheint mir in zweifacher hinsicht überzeugend: der neubau unterscheidet sich materiell und konstruktiv sowohl von der stahlkonstruktion des bestands als auch vom

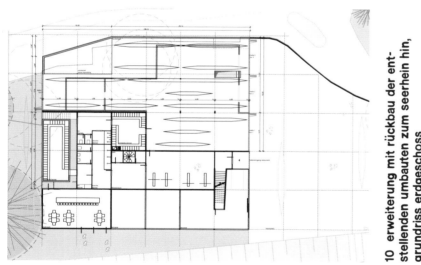

10 erweiterung mit rückbau der entstellenden umbauten zum seerhein hin, grundriss erdgeschoss

hölzernen vorgängerbau. die erinnerung und materialisierung von holzoberflächen reflektieren jedoch die bootshallen der 1920er jahre und den vorgängerbau des vereinshauses aus dem 19. jahrhundert.

ein solches, auch intellektuell anspruchsvolles konzept lässt etwa an die 2014 fertiggestellten „neuen meisterhäuser" in dessau von bruno fioretti marquez denken, die das

1926 errichtete und 1945 teilweise kriegs-
zerstörte ensemble von walter gropius wieder komplettieren. die neubauten stellen
in vereinfachter form die volumina der verloren gegangenen meisterhäuser nach, sind
aber in ihrer formensprache, materialität
und fassadenprofilierung radikal reduziert.
interessanterweise sind die fragilen historischen originale dabei durchaus nicht zur
kulisse der spektakulären und makellosen
neubauten degradiert, stattdessen erschei-
nen die knapp 90 jahre alten meisterhäuser –
bisher ein inbegriff zeitloser moderntät –
nun plötzlich in ihrem ganzen differenzierten, ja fast barocken reichtum an farben,
details, profilierungen, oberflächenquali-
täten und altersspuren. gerade die abstrak-
tion der neubauten öffnet einen neuen blick
auf den bestand und bringt dessen qualitäten gleichsam historisierend zur geltung.

die ästhetische wirkung und architektonische verständlichkeit der „neuen meisterhäuser" beruht dabei auf der denkmalge-
rechten sanierung der bauhausbauten auf
höchstem niveau, so dass die historischen
bauten mit den neubauten gleichsam „auf

augenhöhe" kommunizieren können. damit dies auch in konstanz gelingen kann, bedarf es einer ebenso sorgfältigen denkmalpflegerischen sanierung des blomeiergebäudes, dessen nachträglich hinzugefügte, entstellende erweiterungen im zuge der baumaßnahme unbedingt wieder zurückzunehmen sind.

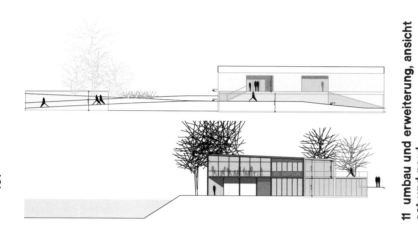

11 umbau und erweiterung, ansicht ost und nord

der entwurf nimmt aber auch das umfeld in den blick. das dem gebäude zugrunde liegende raster soll nun auf das gesamte grundstück übertragen werden, so dass ein im osten geplantes bootshaus darin eingefügt werden kann; allerdings müsste dafür eine blutbuche gefällt werden. das zusammenspiel von architektur und natur ist jedoch für diesen filigranen skelettbau von großer bedeutung. die ursprünglich vorhandene eindrucksvolle weide an der südostecke ist auf den bauzeitlichen fotografien von heinz kabus stets als natürlicher widerpart zur strengen und präzisen stahlkonstruktion inszeniert. eine zukünftige planung sollte diesen aspekt durch eine neupflanzung wieder anstreben, auch wenn die wirkung erst in ein bis zwei jahrzehnten eintreten wird. die bestehenden gestaltprägenden bäume sollten dagegen möglichst erhalten werden.

in hinblick auf die geplante baumaßnahme müssen sich alle beteiligten – der ruderverein, die ausführenden architekten und die

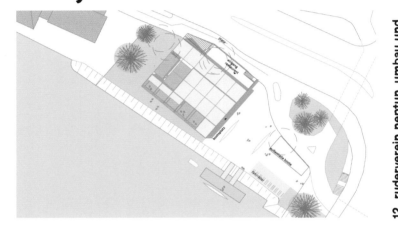

12 ruderverein neptun, umbau und erweiterung, lageplan

denkmalbehörden – der außergewöhnlichen verantwortung diesem ort und gebäude gegenüber bewusst werden. insbesondere der rückbau der späteren veränderungen ist von elementarer wichtigkeit für die integrität dieses ebenso bescheidenen wie anmutigen gebäudes. wenn es gelingt, beide elemente des entwurfs – den denkmalpflegerischen rückbau und die maßvolle erweiterung – in einer hohen detailqualität umzusetzen und mit einer anspruchsvollen freiraumplanung zu verbinden, dann entstünde nicht nur für den ruderverein neptun wieder ein domizil von gestalterischem reiz und hoher funktionalität; es würde auch

für die stadt konstanz ein baudenkmal
von herausragender qualität an einem pro-
minenten ort wieder erlebbar.

florian aicher
über schwarzacher hof

zarte empirie   entspannt-konzentriert sind wir im hauptraum des gebäudekomplexes im gespräch. karin meid-bächle und martin bächle, ich selbst, gelegentlich meine frau, ab und zu mitarbeiter des büros. wir sitzen uns am großen tisch gegenüber, tischplatte anthrazit auf eiermanngestell,  zur hälfte bedeckt mit büchern, architektur, kunst. die flügeltüren der enfilade links und rechts stehen offen. ein angenehmes klima herrscht an diesem heißen sommertag, die durch die offenen fenster hereindringenden geräusche der fußgänger verbreiten partylaune, das licht ist durch lamellenläden gedämpft.

entscheidend zur atmosphäre ungezwungener aufmerksamkeit tragen die wände bei, vielgegliedert und mit grün-türkisem grundton, dazu ein warmes braun des alten holzfußbodens. es sind oberflächen, die vor etwas mehr als zweihundert jahren dem raum ein neues gesicht beschert haben – das eines etwas steifen klassizismus, als das napoleonische empire in mode war. dieser eindruck wird dadurch gebrochen, dass dem reichhaltigen stuck die zeit anzusehen ist: da gibt es risse, ausbleichungen, retuschierte ausbrüche, nachbearbeitungen ohne anspruch auf homogenität. strenge linien, gemildert durch den lauf der zeit – porosität und polychromie. das gespräch schweift mal hierhin, mal dorthin, der nachmittag vergeht wie im flug.

es ist dieser raum, dem das haus zu allererst seine heutige bekanntheit verdankt. es ist der spezielle umgang mit dem erbe, der sich hier besonders zeigt und der im jahr 2015 mit dem denkmalpreis des landes baden-württemberg ausgezeichnet wurde. man könnte meinen, nach zweihundert jahren bewahrheitet sich hier, was sich zur zeit seiner letzten umfassenden gestaltung ein zeitgenosse, j. w. goethe, gewünscht hat: zarte empirie.

geschichte diese letzte große umgestaltung nicht als endgültige formgebung durch allzu perfekte sanierung zu verfestigen, sondern sie selbst in den lauf der zeit zu stellen, war anliegen der architekten – zeit, die spuren hinterlassen hat, dies in zukunft tun wird, so wie sie es jahrhunderte zuvor getan hat. das hat mit der eigenen geschichte zu tun: karin meid ist mit dem haus von kindesbeinen an vertraut, betrieb doch eine tante im erdgeschoss eine samenhandlung. als die aufgegeben wurde und das haus zum verkauf stand, entschlossen sie und ihr mann sich zum erwerb. was sie sich da einhandelten, wussten sie nicht; die obergeschosse waren vermietet, erste eindrücke ergaben ein verschachteltes gebilde aus tapetenwänden, putzdecken, neuzeitlichen bodenbelägen. die sanierung wurde ganz pragmatisch begonnen, ab 2008 mit dem erdgeschoss und ersten obergeschoss; ab 2010 dann zweites obergeschoss und dach – nun wurde es richtig spannend.

das haus geht zurück auf eine stadterweiterung in den see hinein – was heute gassen sind, waren im 13. jahrhundert noch wasserwege. auf 1350 sind die hölzer des westgiebels datiert, um 1360 wird das haus selbst als dreigeschossiges steinhaus errichtet. der bauherr, ein friedrich von sulgen, war ein bedeutender amtsmann. sein haus bildet noch immer den kern des heutigen baus. im 16. jahrhundert gelangte das haus in den besitz der angesehenen patrizierfamilie von schwarzach, ende des jahrhunderts erwirbt es ein kaspar schmid, der umfangreiche baumaßnahmen ergreift, so wie die erneuerung am altbau, die überbauung der hofdurchfahrt und das aufrichten eines neuen dachstuhl. in den 1620er jahren erweitert sein nachfolger, caspar schmid, zeitweise bürgermeister der stadt, den bau um ein hintergebäude mit kapelle und zwischenlaube.

das vordringen der gegenreformation veranlasst caspar schmid zum rückzug, 1668 verkauft eine anna maria schmidt an den stadtphysikus johann georg kyne, der wiederum 1736 an johan jakob braxel, oberamtmann, der das haus wiederum zu einem herrschaftliche stadtsitz umbaut im geist des barock mit zentralem treppenhaus und symmetrischer raumfolge im vorderhaus. 1751 geht das haus an den amtmann johann konrad ziegler, der es 1798 an den kaufmann johann georg thumb verkauft. von ihm stammt wohl der auftrag zur umfassenden klassizistischen neufassung des zentralen saals. neben der kompletten bearbeitung der wände gehört dazu eine um ca. 1 m abgehängte decke, die den barocken vorgänger weitgehend unberührt lässt. in der folge sind wieder zahlreiche besitzerwechsel zu verzeichnen, mitte des 19. jahrhunderts erfolgt eine biedermeierliche umgestaltung, ende des jahrhunderts eine aufstockung des rückgebäudes. im neuen jahrhundert sind es nur noch wenige eingriffe wie durchbrüche zur erweiterung des ladens im erdgeschoss, 1944 die einquartierung eines „kriegswichtigen betriebs" im hof und in der nachkriegszeit die umwandlung der obergeschosse in mietwohnungen mit einbau von raumteilungen in trockenbau.

verfahren   ein haus mit einer lebendigen geschichte, geprägt durch eigentümer aus hoher stellung in der stadtgesellschaft, mit höhepunkten barocker und klassizistischer umbauten. „hochwertige ausstattung, die in konstanz und darüber hinaus ihres gleichen sucht", so bauforscher frank löbbecke, und die jeweils die vorausgehende überformung

überlagert. unsere zeit setzt diese geschichte fort, jedoch mit der wendung, dass erstmals nach möglichkeit alle stufen der entwicklung sichtbar gemacht werden. kurioserweise geschieht dies nicht ganz freiwillig; karin meid-bächle jedenfalls berichtet, sie habe keine ahnung gehabt, was ihr da blühe. „es war wie ein geschenk in einem verschnürten päckchen." und zwar dank der letzten überformung, wohl mitte des 20. jahrhunderts, die sich als segen erwies: „die leute, die das gemacht haben, wussten, was sie tun. sie haben all den bauschmuck sorgfältig geschützt: rigips und laminat erwiesen sich als denkmalgeschützt." erkenntnisgewinn durch geschichte: „das haus ist jeden tag ein geschenk, man entdeckt immer noch etwas. und wir wissen: wir sind nicht die letzten."

insofern mag dieses haus zum selbstverständnis des büros beigetragen haben. martin bächle nennt als erstes stichwort: „spurensuche. wir gehen in die tiefe. das beginnt mit dem respekt vor dem, was gegeben ist. wir verstehen ein haus prozesshaft, versuchen den prozess des bauens zu verstehen und in die geschichte einzufügen. das ergibt eine art, weiterzubauen. das ist beim umgang mit altem nicht viel anders als bei dem mit neuem, modernem.“

aus diesem geist geschah die annäherung an dieses „geschenk“. nach der sanierung der beiden unteren geschosse kam ab 2010 das obergeschoss mit dem prunksaal dran – in enger kooperation mit bauforschern, restauratoren und denkmalbehörde, geplant vom büro bächlemeid. nicht ein historisches ideal wurde gesucht, sondern die geschichte selbst. der kunsthistoriker und mitarbeiter am saai, südwestdeutsches archiv für architektur und ingenieurbau, gerhard kabierske, beschreibt das verfahren so: „ziel des rekonstruktionskonzepts war der erhalt des überkommenen zustandes der einzelnen befunde. lose teile wurden gefestigt und retuschen wurden nur so weit gemacht, wie sie für einen einheitlichen gesamteindruck unabdingbar waren, spuren der späteren veränderungen und alterungsprozesse dabei aber deutlich sichtbar belassen. die überkommene oberfläche bleibt mit ihren alterungsspuren und einer nur geringfügig gemilderten fleckigkeit erhalten. bei idee und realisierung dieses konzepts waren die beiden restauratoren carmen witt-schnäcker und stephan bussmann federführend beteiligt und bewiesen fingerspitzengefühl. vor allem der festsaal ist dadurch zu einem musterbeispiel für die heutige vorstellung von restaurierung geworden." da uns dies etwas abstrakt war, zeigte karin meid-bächle, was dies beispielsweise bedeutet: was historisch eine durchgezogene linie war, wird – zur unterscheidung – bei der restaurierung zu einer punktierten; aus der ferne fast gleich, ist es aus der nähe deutlich zu unterscheiden. sie spricht von punktretusche. solche verfahren wurden in enger abstimmung mit frau dr. dagmar zimdars und herrn frank mienhardt vom landesdenkmalamt eingesetzt. „die heutige vorstellung von restaurierung deutet das paradox an, ein zeugnis im zustand seines verschwindens festzuhalten" – hans döllgast lässt grüßen oder neuerdings arbeiten der bündner architekten capaul und blumenthal. das ergebnis ist ein ganz lebendiges denkmal, das weder mit restaurierter perfektion erschlägt noch durch kritische rekonstruktionen verwirrt.

neue einbauten   ist es diese lebendigkeit, die eine heutige nutzung so selbstverständlich macht? im erdgeschoss findet man einen kücheneinrichter, im ersten obergeschoss anwalt und werber, rückwärtig eine analytikerin, im zweiten obergeschoss räume der architekten. deren büro reicht bis unters dach, und da erhält die umnutzung nochmals eine andere note.

der dachraum war seit mehr als 200 jahren ein wenig genutztes kaltdach. manche hilfskonstruktion macht glaubhaft, dass es partyraum der letzten wohngemeinschaften war. wie auch immer: es ist ein raum, stützenfrei, liegender stuhl mit harter deckung. der ausbau ab 2015 schafft einen raum, der das tragwerk zum räumlichen erlebnis macht und alle weiteren maßnahmen pragmatisch und zurückhaltend umsetzt, als da sind: zwischensparrendämmung und raumseitige verkleidung mit weißtanne, massive weißtannendielen am boden. alle holzteile sind unbehandelt und in bester handwerkstradition verarbeitet – etwa die dielen, die mit holznägeln fixiert sind. gemauerte stirnwände sind in ihrer rohen form belassen und lediglich getüncht. „ehrlich, massiv, als raumschale einheitlich", so beschreiben bächlemeid den raum. „und dem prozess des bauens dadurch nah, dass wir viel vom charakter eines rohbaus erhalten wollen."

der raum wird über ein oberlicht und mehrere dachgauben belichtet. soweit vorhanden, wurden sie fachgerecht restauriert. ergänzt wurden diese durch mehrere neukonstruktionen. die ordnen sich dem volumen nach dem bestand unter, sind aber konstruktiv wie formal völlig eigenständig. wie bekommt man mit minimalem flächenverbrauch ein maximum an lichtausbeute? das ergebnis weckt assoziationen

an flugzeugkanzeln von militärmaschinen –
ein kristall aus glasflächen und stabförmigen
kanten, damals hightech und auch hier.
hightech freilich dem inhalt nach und nicht
als fortschrittsmetapher. materialeinsatz
und fügung auf höchstem stand der technik,
präzise und intelligent als geklebtes falt-
werk konstruiert, jedes ein einzelstück nach
aufmaß und als ganzes versetzt. ein tech-
nisches kunststückchen, das nichts von seiner finesse verrät. auch das drückt etwas
von der denkweise des büros aus: „poten-
ziale unserer zeit nutzen – einfach, direkt,
nicht gekünstelt. wie es gute handwerker
machen."

geht man durchs haus, so findet man immer
wieder hinweise auf diese haltung – sei es
eine weiß lackierte treppe aus gekantetem
blech, seien es selbst entwickelte, einfache
fensterbeschläge, sei es eine pfostenkon-
struktion der großen verglasung der durch-
gänge im hof, sei es eine briefkastenanlage
als feine schreinerarbeit. höchste qualität
der verarbeitung, feine details: punktuell –
glanzlichter. niemals flächendeckend; da
bleibt es direkt, alltäglich, robust.

es ist dieser wechsel, der sich durchs haus zieht und der mit dem verhältnis zum historischen zu tun hat. der zentrale historische saal ist überraschenderweise zutage getreten; er ist nicht durchrestauriert, sondern zeigt seine wunden und risse; er erlaubt sich andeutungen, lässt interpretationen offen, bezieht so den nutzer in sein dasein mit ein. das hat etwas lässiges, unangestrengtes. das wiederum zeichnet den umbau durch das büro bächlemeid samt seiner einbauten aus: praxisnah, robust, einfach der generelle zugriff und verliebt ins tüfteln und handwerkliche detail da, wo es nötig wird – nicht als selbstzweck, sondern als weg, um stimmigkeit zu erreichen.

marina hämmerle
über seeside wohnen

was braucht es, dass aus einer obstbaumwiese ein stück dorf werden darf? wie
gelingt der ausgleich für das abhanden-
kommen eines nutzgartens? beim projekt
seeside in konstanz-allmannsdorf könnte
die rezeptur lauten: man mische angemes-
sene baukörper mit gespür für proportio-

nen, schüttle sie leicht,
so dass sie unregelmäßig
zueinanderstehen, mische
wege und plätze dazwi-
schen, öffne blickfenster
in die umliegenden grün-
räume, versehe das ganze mit einem un-
trüglichen sinn für rohstoffe, farben und
pflanzen und runde es mit einer gehörigen
prise an atmosphärischer dichte ab.

in konstanz-allmannsdorf blitzen nach wie
vor unbebaute wiesen durch die moderate
bebauung an ein- und mehrfamilienhäusern
durch. bächlemeid überzeugten den priva-
ten bauträger mit einem auf den ort zuge-
schnittenen entwurf von 50 wohnungen in

einem wettbewerbsverfahren. das konzept der nachverdichtung auf einem ehemaligen gärtnereiareal versteht es, die dörflichen strukturen des umfeldes aufzunehmen, sie in ihrer maßstäblichkeit auf die neuen volumen zu übertragen und den verlust der obstbaumwiese mit entsprechendem einweben des grünraumes in die bebauung zu kompensieren.

was vor ort spürbar wird, ist eine mischung aus beinahe mediterraner, kleinstädtischer anmutung und dem allgegenwärtigen bewusstsein, sich am hang in seenähe zu befinden. dies wird vor allem beim durchschreiten der anlage deutlich. dazu lädt eine himmel- bzw. seewärts gerichtete treppe ein, breit genug für zwei und durch die feine patina so selbstverständlich erscheinend, als hätte sie immer schon das grundstück durchmessen. die mit tuffsteinen belegte treppenanlage bildet das rückgrat dieses spielerischen konglomerats an rhythmisierten haustypen, gesäumt von üppigen, feingliedrigen gräserzeilen und hinterlegt mit heimischen blumenarten. eine wohltat für das auge und ein wirksames gegenmittel gegen die grobheit landläufiger freiräume bei wohnanlagen. ein lob an die landschaftsplanerin gisela stötzer, die hier alpenlandschaft und  bodensee an die wohnbauten heranholt. das heißt beziehungsreiches habitat für den homo digitalis, für flora und fauna – der lebensraum ist weich, vielfältig und harmonisch. schweift der blick in die zwischenräume der bauten, bleibt er hängen an apfelbäumen, felsenbirne und hortensien. zum ausgewogenen bild gesellt sich auch der ton. da und dort plätschert das wasser der brunnen aus sichtbeton bei eingängen und vorplätzen, hört man kinderstimmen im wechselspiel auf den großen terrassen, entspannt sich der vater beim lesen im liegestuhl und die mutter beim werkeln. fast zu idyllisch, um wahr zu sein. als dann ein betagter herr seinen rollator über die treppenanlage seewärts schwingt, aus dem einen wohnzimmer die geburtstagsvorbereitungen einer großfamilie zu hören sind und sich zwei teenagermädchen gemeinsam zum nächsten hauseingang aufmachen, glaubt

man endgültig in der mediterranen klein-
stadt angelangt zu sein. zumal das licht sich
an den hellen baukörpern bricht und das
mit verve zusammengestellte grün erhellt –
so lassen auch die darin eingebetteten
wege und plätze das mikroklima des östli-
chen bodenseeufers spüren.

auch die materialisierung trägt dazu bei –
der verputz in hellen sandtönen, farblich an
die gemahlene erde und den sand vor ort
angelehnt, die lamellen der zwischentrakte,
fenster und ausstellrolläden in holz, die
naturfarbenen vorhänge, die den terrassen

und loggien zusätzlich inti-
mität und flair verleihen – all
dies vermittelt heiterkeit und
wärme. darüber hinaus ge-
nerieren die monochromen
farbtöne für die eingangs-
foyers und treppenhäuser
akzente. hier bin ich zu
hause, im pudrigen mauve,
im frischen mintgrün. die vom künstler
fein aufeinander abgestimmte palette an
gedeckten farben weist schon in der tief-
garage auf das jeweilige treppenhaus hin,

bringt charakter und zugehörigkeitsgefühl auf die wände.

was jedoch den gesamteindruck am meisten prägt, sind die wohltuenden proportionen und unaufgeregten details, ist das richtige maß an nähe und weite. gelassenheit ist die devise. so wie früher die bäume in der wie-se standen, liegen heute sieben häuser im terrain, gekonnt aufgegliedert und höhen-versetzt im volumen, scheinbar ohne große hangveränderung, trotz unterkellerung durch zwei tiefgaragen. selbst die einfahrten sind so integriert, dass sie nicht zum unort werden, da räumlich mitgedacht und ausfor-muliert. das verlangt nach viel gespür für den ort, gestalterischem geschick und veri-tabler empathie für menschliche bedürfnisse. das ist der gesuchte ausgleich zu dem, was vorher war. chapeau, das ist erstklassige baukulturleistung – und so lässt es sich wirklich gut wohnen.

carl fingerhuth
über sporthaus zum see

der bahnhofplatz zwischen bodanstraße und marktstätte ist für konstanz ein wichtiger ort. auf der einen seite liegt der schweizer und der deutsche bahnhof mit seinem markanten turm. auf der anderen

seite prägen markante bauten aus dem 19. jahrhundert die kante vor der altstadt. aber auch in der bodanstraße zeigt sich konstanz mit würdigen bauten aus seiner vormodernen zeit. so war das eckgrundstück bodanstraße/ bahnhofplatz ein ort mit bedeutung für die identität und geschichte von konstanz. das erste projekt für das sporthaus gruner distanzierte sich von den von der vergangenheit geprägten bauten der direkten umgebung. indem es mit einer horizontalen schichtung und großen glasflächen arbeitete, integrierte es sich nicht in sein umfeld und beanspruchte so für sich eine neue, individuelle identität. der gestaltungsbeirat ersuchte die architekten bächlemeid ihr projekt zu überarbeiten. bei dieser suche durfte ich sie unterstützen. in diesem

prozess gelang es, eine lösung zu finden, bei der das neue zu einem partner aus unserer zeit wurde. die starke horizontale gliederung wurde aufgeben. aus glasflächen wurden fenster. trotzdem ist das haus ein haus aus unserer zeit geblieben. nach einem halben jahr arbeit wurde das neue projekt genehmigt.

anhang

biographien

florian aicher wurde 1954 in ulm geboren und wuchs auf dem campus der hochschule für gestaltung ulm auf. nach dem architekturstudium an der staatsbauschule stuttgart mit praktikum in buffalo (usa) arbeitete er zunächst als architekt bei werner wirsing in münchen und ab 1981 dort selbständig; daneben geht er lehrtätigkeiten an hochschulen in deutschland und österreich nach, zuletzt an der fachhochschule kärnten, und schreibt in internationalen zeitschriften und büchern zu fragen des bauens und handwerks.

martin bächle wurde 1963 in villingen geboren und studierte an der hochschule für technik, wirtschaft und gestaltung konstanz und an der birmingham city university (gb). seit 1991 ist er in büropartnerschaft mit karin meid-bächle. 1995 wurde er in den bda bund deutscher architekten berufen und war von 2000 bis 2008 vorsitzender bda bodensee. von 1995 bis 2001 lehrte er an der hochschule für technik, wirtschaft und gestaltung konstanz. zusätzlich zu tätigkeiten in diversen preisgerichten war er gastkritiker an der staatlichen akademie der bildenden künste stuttgart.

andreas cukrowicz wurde 1969 in bregenz geboren, studierte architektur an der tu wien und an der akademie der bildenden künste in wien. 1996 gründete er mit anton nachbaur-sturm das büro cukrowicz nachbaur architekten. daneben ist cukrowicz mitglied in gestaltungsbeiräten, übt lehr- und preisrichtertätigkeiten aus und war von 2005 bis 2011 präsident der zentralvereinigung der architekten österreichs im landesverband vorarlberg. seit 2018 ist er vorsitzender des landesgestaltungsbeirates vorarlberg.

carl fingerhuth wurde 1936 in zürich geboren und studierte architektur an der eidgenössischen technischen hochschule in zürich. ab 1964 war er berater für stadtplanung, städtebau und architektur in diversen ländern innerhalb und außerhalb europas, außerdem von 1979 bis 1992 kantonsbaumeister basel-stadt. von 1961 bis 1963 arbeitete er als architekt in zürich und baute anschließend ein amt für raumplanung für den kanton wallis (schweiz) auf. er hatte lehraufträge und gastprofessuren unter anderem in virginia (usa), straßburg (frankreich) und rom (italien).

kornelia gysel, 1975 geboren, führt seit 2007 als dipl. architektin eth sia ihr büro futurafrosch – architektur und raumentwicklung. sie arbeitet zu gemeinschaftlichem und gemeinnützigen wohnen, gestaltung von lebensraum sowie zur raumentwicklung in der stadt und im dorf. ihr besonderes interesse gilt gesellschaftsrelevanten aspekten des bauens und der inhaltlichen qualität eines standortes. von 2013 bis 2019 war sie mitglied der stadtbildkommission schaffhausen, seit 2018 ist sie im gestaltungsbeirat der stadt salzburg.

marina hämmerle wurde 1960 in lustenau geboren. ihr studium an der hochschule für angewandte kunst wien schloss sie 1987 ab und war im anschluss als freie architektin tätig. von 2005 bis 2012 war sie direktorin des vai vorarlberger architektur institut, seit 2013 betreibt sie in lustenau ihr büro für baukulturelle anliegen. seit 2010 ist sie im gestaltungsbeirat der gemeinde klaus aktiv. sie schreibt, kuratiert und berät, juriert auf kommunaler, regionaler und internationaler ebene in architektur und städtebau.

arno lederer wurde 1947 in stuttgart geboren und studierte dort und in wien architektur. er gründete 1979 das büro lederer, 1985 die bürogemeinschaft lederer ragnarsdóttir mit jórunn ragnarsdóttir und 1992 gründeten beide mit marc oei die bürogemeinschaft lederer ragnarsdóttir oei. als professor war er von 1985 bis 2014 an verschiedenen hochschulen tätig. von 2002 bis 2006 war er wissenschaftlicher beirat im bundesamt für bauwesen und raumordnung und von 2003 bis 2012 hochschulrat der hochschule für technik stuttgart. seit 2009 ist er gestaltungsbeirat in frankfurt am main, seit 2014 mitglied im bayerischen landesbaukunstausschuss. von 2014 bis 2018 war er mitglied im baukollegium zürich.

philip lutz stammt aus salzburg und hat in wien architektur und in new york städtebau studiert. seit 1996 ist er in vorarlberg selbstständig tätig und war an der uni liechtenstein zehn jahre lang lehrbeauftragter für architektur und städtebau. seit 2008 arbeitet er gemeinsam mit elmar ludescher als „ludescher + lutz architekten" in bregenz. wichtige projekte sind seestadt bregenz, weingut schmidt, weingut högl, umbrüggler alm, forsthaus tannau, gasthaus johann, lodgehotel fuchsegg. er ist gestaltungsbeirat in den gemeinden lauterach und lochau (österreich).

karin meid-bächle wurde 1958 in konstanz geboren und studierte ebendort architektur an der hochschule für technik, wirtschaft und gestaltung. seit 1991 ist sie in büropartnerschaft mit martin bächle, 1995 wurde sie in den bda bund deutscher architekten berufen. seit 2016 ist sie vorsitzende bda bodensee. neben zahlreichen preisrichtertätigkeiten ist sie als gastkritikerin an verschiedenen hochschulen tätig. sie ist gestaltungsbeirätin in lochau (vorarlberg, österreich), vaihingen an der enz und langenau.

peter cachola schmal wurde 1960 geboren und ist architekt, architekturkritiker und publizist. seit 2006 ist er am leitender direktor am deutschen architekturmuseum (dam) in frankfurt am main. als generalkommissar war er für die deutschen auftritte auf den architekturbiennalen sao paolo 2007 und venedig 2016 verantwortlich. er ist unter anderem mitglied im kreativbeirat stadt offenbach und im komitee des european prize for urban public space, centro de cultura contemporania de barcelona.

andreas schwarting lehrt baugeschichte und architekturtheorie an der hochschule konstanz. seine forschungs- und publikationstätigkeit gilt insbesondere der architektur des 20. jahrhunderts mit ihrer konstruktion, rezeption und historiografie sowie fragen der erhaltung und pflege. er ist mitglied im vorstand der koldeweygesellschaft, vereinigung für baugeschichtliche forschung und wurde von icomos deutschland als monitor für die unesco-welterbestätte le corbusier, häuser der weißenhofsiedlung in stuttgart berufen.

kurt werner hat architektur in münchen und an der tu berlin vertiefend architektur und stadtplanung studiert. er ist seit 2014 in regensburg als freischaffender dipl.-ing. architekt und stadtplaner bda a.o. dasl tätig, als regierungsbaumeister in städten und gemeinden für integrierte entwicklungskonzepte (isek), als gestaltungsbeirat sowie als fachpreisrichter in wettbewerben und hält als fachreferent vorträge im in- und ausland. von 1993 bis 2005 war er leiter des stadtplanungsamtes regensburg und von 2006 bis 2014 baubürgermeister der stadt konstanz.

124